# contents 2007 11

W9-BDJ-239

첫서리 내려앉은
풀잎 사이로
햇살이 흐르고,
가을을 붙잡고 싶은
내 마음도 흐릅니다.

## 이달의 필자

권영상 님 (동화 작가)

이상권 님 (동화 작가)

강상기 님 (시인, 이수중학교 교사)

박용진 님 (민주사회시민단체연합 상임대표)

박은석 님 (대중음악 평론가)

양학용 님 (《오마이뉴스》 시민 기자)

이후경 님 (소설가)

최윤희 님 (행복 디자이너)

신미식 님 (사진 작가)

박현경 님 (소설가)

이대흠 님 (시인)

김형민 님 (SBS 프로덕션 PD)

고마츠 사야까 님 (《사야까의 한국 고고씽》 저자)

한창훈 님 (소설가)

윤희상 님 (시인)

김일중 님 (토크쇼 작가)

이규경 님 (만화가)

주미사 님 (동덕여대 교양교직학부 교수)

한승오 님 (농부)

박어진 님 (칼럼니스트)

박영숙 님 (트렁크갤러리 대표)

친구의 선택

늦가을의 쓸쓸함,

따스한 당신이 있어 잊고 삽니다.

............................................................................. 님께

............................................................................. 드림

## 착한 후회

조금 더 멀리까지 바래다줄걸

조금 더 참고 기다려 줄걸

그 밥값은 내가 냈어야 하는데

그 정도는 내가 도와줄 수 있었는데

그날 그곳에 갔어야 했는데

더 솔직하게 말했어야 했는데

그 짐을 내가 들어 줄걸

더 오래 머물면서 더 많이 이야기를 들어 줄걸

선물은 조금 더 나은 것으로 할걸

큰 후회는 포기하고 잊어버리지만

작은 후회는 늘 계속되고 늘 아픕니다.

글 · 발행인 **정용철**

　　며칠 전 친구들을 만나 삶의 가치에 대해 이야기하는 시간을 가졌다. 한 달에 한 번씩 만나는 친구들인데, 만날 때마다 일상적인 얘기로 시간을 보내곤 했다. 그런데 그날은 어쩐 일로 그런 진지한 얘기를 할 수 있었는지 지금 생각해도 좀 엉뚱했던 것 같다. 아마도 거짓이 판치는 요즘 세태에 대한 분심 때문이 아니었나 싶다. "사람이 일생 동안 노력해야 할 부분은 '가지기 위해', '무엇을 하기 위해' 서가 아니라 '어떤 사람이 될 것인지' 에 있으며 그것이야말로 진정한 성공이 무엇인지 깨닫게 해 준다." 책 읽기를 좋아하는 내가 이 대목을 말하면서 먼저 말을 꺼냈다. "니네들은 삶의 가치를 어디에다 두고 싶니?"

　　내가 느닷없이 묻자 갑자기 무슨 거창한 소리를 하느냐고 두 친구가 핀잔을 주었다. "난 그냥 잘살면 되는 걸로 치는데…." 숙희가 심드렁한 표정으로 말했다. "그럼, 넌?" 다시 내가 은혜를 향해 물었다. "글쎄, 삶의 가치는 진실하게 사는 데 있다고 생각해. 사람이란 돈 많고 시간 많고 건강하면 대체로 진실하게 살기 힘들어진다더라. 그렇게 다 가지면 자신도 모르게 대체로 타락하기 쉽대." 말할 때마다 '대체로' 란 말을 잘 쓰는 은혜의 말은 대체로 옳았다. "그럼 넌?" 여전히 심드렁한 표정으로 숙희가 내게 물었다. 내 생각도 은혜와 비슷했다. "삶의 가치는 물질이 풍부한 데만 있는 건 분명 아닌 것 같아. 그보다 더 중요한 건 어떻게 사람답게 사는가에 가치를 둬야 될 것 같아. 돈, 시간, 건강 가운데 하나는 없어져야 한다고 생각해. 다 충족되면 삶이 방만해질 것 같거든. 진실하게 살면서 자기를 살리는 것에 가치를 두고 싶어."

　　내 말이 끝나자마자 숙희는 불만이 많다는 듯 쏘아보며 말했다. "그럼 넌 가난해도 좋다는 거니? 배고프면 무슨 일을 할 수 있대니. 더구나 요즘처럼 살기 힘든 때에…. 너무 고상한 척 안 했음 좋겠어. 가치도 중요하지만 우선 살고 봐야 될 것 아냐." 현실적이고 영리한 숙희다운 말이었다. 숙희는 그런 성격 탓인지 세 사람 중에서 현실적으로 제일 잘살았다. 숙희는 가난하게 자란 것과 대학에 못 간 것을 수치로 여겼다. 그런 사실을 숨기려 했고 숨기려는 만큼 열등감도 많았다. 나는 숙희의 상처를 잘 알고 있는 터라 삐딱한 말도 그냥 웃어 넘겼다. 그러나 은혜는 달랐다. 매사에 딱 부러지고 앞뒤를 잘 따지는 은혜가 가만있을 리 만무했다. "숙희 넌 매사를 꼭 밥에다 기준을 두더라. 우리가 지금 굶는 사람들이니? 어느 정도의 기준에서 삶의 가치를 생각해 보자는 거지. 넌, 그럼 돈만 있으면 다 되겠네."

고등학생 땐 진실한 사람 만나 사랑하고 행복하게 사는 것이 우리의 꿈이었다. 그런데 지금은 세 사람 모두 가치관이 다르다니…. 한 번뿐인 내 인생 '이렇게 살고 싶다.' 는 생각이 다 다르듯이 가치관도 다를 수밖에 없는 것이라고 나는 생각했다. 그때 숙희가 이야기를 다시 시작했다. "은혜 넌 그림 돈, 시간, 건강 중에서 하나를 버리라면 어떤 걸 버리겠니? 말해 봐. 자신 있어?" "다 있음 좋겠지만 다 있음 진실하게 살 수 없다니까 난 돈을 버리겠어. 시간과 건강만 있음 돈은 또 벌 수 있으니까. 아무리 돈이 많아도 건강하지 못하면 시간도 없는 것과 마찬가지 아니겠니?" 은혜는 찬란한 것보다 중요한 것에 가치를 두는 친구였다. 그렇담 나는 뭘 버릴 수 있을까. 나 자신에게 물어보았다. 나도 은혜와 같은 생각이었다.

　"그래, 니네들 정말 잘났어. 난 누가 뭐래도 돈을 택할 거야. 건강해도 돈 없이 가난뱅이로 살고 싶진 않아." 숙희는 집도 차도 커야 한다고 주장하면서 돈의 위력이 얼마나 큰지를 강조했다. 은혜와 나는 돈보다는 시간과 건강을 택하겠다고 큰소리쳤지만, 마음 깊은 곳엔 돈에 대한 욕심이 전혀 없는 건 아니었다. 투기에 능한 사람들을 경멸하면서도 때론 은근히 부러워했던 우리들이 아닌가. 어쩌면 숙희가 더 솔직한 인간인지 모른다. 돈이 필요하면서도 은혜와 나는 숙희처럼 자신 있게 돈을 선택할 수 없었다. 삶의 가치가 돈에 있지 않다고 생각했기 때문에 우린 그걸 선택하지 않았을 뿐이다.

천양희 님 / 시인

방석 모양 이파리로 내려앉은 꽃다지

흩어진 씨가

여름을 지나 가을에 싹이 터

초겨울 볕을 머금고 발갛게 물들어 갑니다

이른 봄

작은 키 작은 꽃으로 빈 밭이며 길가를

노랗게 물들일 날을 기다립니다

글 · 그림 **이태수 님** 생태 화가

아름다운 사람

순비기꽃은 제주도 바닷가 모래밭에서 자라는 꽃입니다. 꽃 빛깔이 연한 보랏빛입니다. 아니 순하디 순한 보랏빛입니다. 나뭇잎도 초록이 아니라 순한 초록입니다. 나는 이런 순한 빛깔이 좋습니다. 보랏빛보다는 연보랏빛, 빨간빛보다는 분홍빛, 노랑빛보다는 연노랑, 초록보다는 초록에 흰 물감을 탔을 때 나오는 빛깔이 더 좋습니다.

상사화의 매끄러운 분홍빛, 꽃잎 속은 연보라빛인데 나팔처럼 열리면서 연하디연한 분홍빛깔로 바뀐 메꽃의 그 빛깔, 옅은 하늘색과 연보라색이 합해진 것 같은 현호색의 빛깔, 흰 꽃잎 끝에 연보랏빛 물감을 살짝 찍어 감아올린 타래난초의 빛깔, 이런 것들이 좋습니다.

이런 꽃들을 보고 있을 때가 좋습니다. 아름다운 것은 바라보는 것만으로도 즐겁습니다. 아름다운 꽃, 아름다운 숲, 붉게 물든 골짜기의 단풍나무들과 그 뿌리를 적시며 흐르는 희고 맑은 계곡물 옆에 앉아 있노라면 가슴이 벅차오릅니다.

아름다운 사람도 마찬가지입니다. 아름다운 사람은 지켜보는 것만으로도 행복합니다. 아름다운 사람과 함께 있고 함께 일할 수 있다면 그것만으로 즐겁습니다. 인생을 아름답게 살아가는 사람을 만나면 더욱 그렇습니다.

아름다운 사람, 아름다운 꽃, 아름다운 풍경이 꼭 내 것이 아니어도 관계 없습니다. 그것들이 거기 그렇게 있고, 내가 아름다운 그것을 볼 수 있는 것만으로 기쁩니다. 아름다운 풍경을 자아내는 그 땅, 그 나무, 그 사람이 내 소유가 되지 않으면 아름다움도 남의 것일 뿐이라고 생각하는 사람은 불행합니다.

아름다운 집, 아름다운 꽃이 자기 소유가 되지 않아서 시기하고 질투하는 사람은 아름다움을 향유할 자격이 없습니다. 그런 사람은 아름다운 것들을 소유해도 다시 또 새로운 아름다움을 찾아 나섭니다. 소유하고자 하는 욕망이 빚어낸 결핍감은 끝내 채워지지 않습니다. 그는 아름다운 것을 차지하는 순간 다른 아름다운 것을 가지고 싶어 합니다.

자연이 주는 아름다움, 가식 없는 사람의 진실한 언행이 보여 주는 아름다움, 꾸미고 만들어 낸 아름다움이 아닌 순수한 아름다움, 그런 풍경, 그런 사람을 보고 싶습니다. 자주 만나고 싶습니다. 그 아름다움에 감탄하고, 박수를 보내고, 아름다움과 하나 되고 싶습니다.

미디어 대신 행복을 켜세요

TV안보기시민모임 **서영숙** 대표

통계청에 따르면, 우리나라 성인 가운데 하루 평균 10분 이상 책을 읽는 사람은 10명 중 1명이다. 반면 TV 시청 시간은 2시간 6분에 컴퓨터는 28분, 일요일은 무려 TV 3시간 14분에 컴퓨터 44분이다. 이는 '행복지수'와 밀접하게 연관된 것으로 TV를 오래 보는 만큼 행복지수는 떨어진다고 밝혔다. 영국 BBC는 작은 도시 슬라우에서 실시한 행복 만들기 실험을 통해 10가지 행복 수칙을 발표했는데, 그 가운데 하나가 'TV 시청 시간을 반으로 줄여라.'였다. 오늘날 현실을 예상이라도 하듯, 15년 전부터 TV에 대한 경각심을 일깨우는 이가 있으니 바로 숙명여대 교수 서영숙 님(55세)이다. TV를 끄고 가족 간의 대화 시간을 켜자는 건 어쩌면 식상한 충고지만 그만큼 실천이 뒤따르지 않는다는 게 안타깝다는 그. 올가을엔 온 가족이 그의 실천 아이디어에 도전해 보는 건 어떨까.

TV에 대한 경각심을 갖게 된 계기가 있었나요?

1992년 미국 도서관 사서 마리 윈이 쓴《텔레비전을 꺼라》를 번역하면서 흥미를 느꼈어요. 시민운동 사례를 소개한 책이었는데, 정말 신선했어요. 누구나 TV 앞에서 멍하니 앉아 있다가 '아, 이러면 안 되는데…' 하고 생각한 적이 있을 거예요. 나 역시 애국가가 흘러나올 때까지 TV 앞에 앉아 있던 적이 있거든요. 그런데 TV를 끄자는 말이 이렇게 실천될 수 있구나, 더군다나 2만 명 정도 되는 마을 사람이 참여해 변화를 이끌어 낸 사례도 있었으니, 놀라울 따름이었죠.

어떤 방식으로 실천에 나서셨어요?

당시에도 숙명여대 부설 유아원 원장이었는데, 10월 말쯤 1주일 동안 TV 안 보기 운동을 펼쳤어요. 번역한 책을 코치 삼으니 어렵지 않았지요. 부모에게 보내는 편지부터 언론에 홍보하는 방법, 스폰서를 구하는 것까지 구체적인 방법이 나와 있거든요.

참여한 이들의 반응이 어땠을지 궁금하네요.

"TV 안 보는 주간에 TV에 덮개를 씌워 두세요."

부모님의 반응이 폭발적이었어요. 그 뒤로 1년 내내 TV를 안 봤다는 가정도 있었고요. 2주 정도 준비 기간을 거치면서 아이들에게 "TV를 안 보면 어떨까.", "TV가 없던 시절, 할머니할아버지는 뭐하며 지내셨을까." 등 질문을 던지죠. 그러면 "친구를 잃어버린 것 같아요.", "심심해요." 등 허전함을 이야기하다 곧 자기들끼리 놀거리를 만들어요. 아이들이 할머니할아버지께 자꾸 물으니 조부모님은 신이 나서 제기차기며 공기놀이, 콩주머니놀이를 가르쳐 주고 다양한 이야기를 해 주시죠. 아이들은 3일만 넘기면 TV를 잊어버려요. 오히려 어른이 못 참는 경우가 많죠.

지금은 시민운동으로 발전해 많은 사람이 참여한다던데요?

부모 교육 요청이 있을 때 주로 TV 안 보기 사례에 대해 이야기하다 보니 많이 알려졌어요. 그러다 어느 신문 기자의 제안으로 2005년 1월에 'TV안보기시민모임'을 시작하게 되었습니다. 가정의 달인 5월에 TV 안 보기 주간을 실시하는데, 많은 분이 적극적으로 참여해요. TV를 없앴더니 심심하기는커녕 오히려 가족이 함께할 일이 많아져 시간이 부족하다는 분도 있고, TV가 없으니 자연스럽게 육아와 집안일을 돕게 되어 부부싸움이 없어졌다는 아버지도 있고, TV 대신 책을 친구 삼으니 아이들의 집중력과 논리력이 좋아졌다고 기뻐하는 분도 있어요. 독서교육, 자기계발, 남녀평등 등 거창했던 일들이 자연스럽게 일어나더라는 거죠.

**TV를 안 보는 게 생각만큼 쉽지 않잖아요.**

술도 한 잔 들어가면 고주망태가 될 때까지 마시는 사람은 아예 술을 입에 대지 않는 게 낫죠. TV도 마찬가지예요. 한 번 틀면 못 끄는 사람은 아예 없애야죠. 특히 TV에 대해서는 "이것만 보고", "이번 주만 지나면" 등 타협하는 경우가 많아 실천하기가 쉽지 않죠. 여러 가지 사정으로 TV 안 보는 게 힘들다면 적어도 거실에서 TV를 치우세요. 무의식적으로 TV를 켜지 않도록 환경을 조성하는 게 중요합니다.

**최근에는 TV뿐 아니라 휴대전화나 인터넷에 더 얽매이는 것 같아요.**

TV안보기시민운동은 내 시청 태도가 자기 자신을 없애고 있지 않은지 돌아보고 가족간의 시간을 되찾자는 게 취지예요. 미디어 전반으로 이 운동이 확산되어야겠죠. 최근 국가청소년위원회에서 매주 두 번째 토요일마다 '미디어 다이어트 실천의 날'을 실시합니다. 학교에 가지 않는 '놀토'에 맞춰 그날만큼은 휴대전화, 인터넷, TV를 멀리하자는 운동인데, 청소년들이 많이 참여하면 좋겠어요.

**본격적으로 시민운동을 펼치면서 발견한 과제가 있나요?**

이혼율이 높아진 것도 미디어에 얽매인 생활 태도와 관련 있다고 생각해요. 미디어에 빠지면 가족 사이에 대화가 없어지고 외로움이 커지죠. 어린이의 경우는 더 심각합니다. 정서는 물론 건강에도 좋지 않죠. 그래서 신혼부부에겐 혼수 품목에서 비싸고 좋은 TV를 제외하라고, 젊은 부모에겐 교육이라는 명목 하에 아이를 비디오와 인터넷에 쉽게 노출시키지 말라고 당부하죠. 특히 아이를 낳은 뒤 젖을 물릴 때 TV를 보지 말아야 해요. 아이 눈에는 20~25센티미터 거리에 있는 사물이 가장 잘 보여요. 아이를 품에 안고 젖을 물릴 때 엄마와 아이의 거리죠. 눈을 마주치는 게 친밀감 형성에 참 좋은데, 우리 시선은 TV에 가 있을 때가 많잖아요. TV를 끄고 앉아 서로 이야기 나누는 소중한 시간을 마련하세요.

**가족이 함께 실천할 수 있는 몇 가지 아이디어를 알려 주세요.**

가족이 함께 TV 안 보기 주간을 약속하세요. 그리고 어떤 형태로든 이별식을 가져 보세요. 덮개를 씌우거나 아이들과 함께 포스터를 만들어 붙여도 좋죠. 그리고 TV를 끄고 할 수 있는 일을 의논하는 겁니다. 여행, 대청소, 운동, 등산 등 다양한 아이디어가 쏟아질걸요. 그리고 마지막 날에 근사한 만찬을 준비하세요. 서로 칭찬하는 것도 잊지 말고요. 잃어버릴 뻔했던 행복을 다시 되찾을 겁니다.

\*TV안보기시민모임 카페 http://cafe.daum.net/notvweek        글 / 송도숙 기자 · 사진 / 최연창 기자

|특집|

# 나에게 사과하기

내 가슴속에 한 번도 열어 보지 않은 이야기가 있습니다

## 아직 늦지 않았다

최문규 님 / 경북 영덕군 괴시리

결혼 8년째, 두 딸의 엄마이자 한 남자의 아내로 지극히 평범하게 살아왔다. 내가 사는 곳은 도시와 달라 누구네 집에 숟가락이 몇 개인지 훤히 안다. 비밀이 없는 것이다. 그런 관심 때문에 숨통이 '콱콱' 막힐 때도 있다. 성격이 내성적이라 그럴까. 쥐뿔도 아닌 그놈의 자존심 때문에 남에게 속사정을 말 못하고 혼자 끙끙 앓는 경우가 많았다. 급기야 스스로 우울증이라 여기며 외로움을 달래기 위해 술을 찾기 시작했다.

그날도 여느 때와 다름없이 아이들에게 밥을 차려 주고 혼자 식탁에 앉아 한 잔, 두 잔 하다 취기로 얼굴이 불그스레하게 달아올랐다. 그때 딸아이가 내 눈치를 보며 슬그머니 앞에 와서 앉더니 조심스레 말을 꺼냈다.

그림 | 정승연

"나는 우리 엄마가 운전을 잘했으면 좋겠어. 다른 엄마들처럼 비 오면 학교에도 태워다 주고, 아빠는 매일 바쁘니까 엄마가 우리 데리고 여행도 다니고. 그게 내 소원이야."

날 보며 무슨 생각이 들어서인지 조그마한 일곱 살짜리가 그렇게 말했다. 이제껏 내가 무능력하다고 생각하며 스스로를 질책했고, 그런 나를 무관심하게 바라보는 남편이 미워 화를 내며 상처 주는 말만 골라 했다. 그것도 모자라 술로 내 몸을 혹사시키고 있지 않았던가. 순식간에 돌아본 내 과거를 부끄러워하며 딸아이와 약속했다. 꼭 그런 엄마가 되겠노라고.

이튿날 바로 운전 학원에 등록해 열심히 다녔다. 늦었다고 생각했는데, 결코 그렇지 않았다. 칠순을 훌쩍 넘긴 분들이 면허를 따고, 노부부가 문제집이 닳도록 눈을 비비며 공부하는 모습을 보며 참 부끄러웠다. 나도 필기와 기능 시험, 도로 주행을 무사히 마치고 면허증을 받았다. "합격입니다."라는 말을 듣는 순간 내 사랑스런 딸아이와 그렇게 밉던 신랑 얼굴이 떠오르는 게 아닌가. 행복했다. 그깟 면허증 누구나 다 따는 걸 가지고 뭘 그리 대단한 일처럼 생각하느냐는 분들도 있을 것이다. 하지만 여태 무기력하게 살아온 나로서는 큰 도전이고 모험이었다. 난 알았다. 나 스스로 칭찬해 주고 용기를 북돋아 주고, 사랑한다면 뭐든 못할 게 없다는 것을.

지금 난 다른 일에 도전 중이다. 8년만의 외출! 내 직장을 찾았다. 월급은 얼마 안 되지만 그래도 보람을 느낀다. 태어나서 처음으로 나에게 이 말을 한다.

"고마워. 그리고 사랑해. 나 아직 늦지 않았지? 앞으로도 힘내!"

## 내 마음속 나무 한 그루

서정훈 님 / 충남 연기군 봉암리

지금으로부터 12년 전, 어머니의 눈물을 처음 보았습니다. "엄마, 왜 울어?" "힘들어서…." 어머니의 그 대답을 잊을 수 없었습니다. 다음 날부터 나는 새벽에 우유배달하던 어머니를 돕기 시작했고, 그렇게 차츰 가족을 돕는 것이 몸에 익숙해졌습니다. 그러다 어머니가 가게를 차리자 마냥 좋아 학교 수업이 끝나면 학원으로 가기 전 가게에 들러 일을 도왔습니다. 그런 생활을 고3 수능이 끝날 때까지 반복했지요.

지성이면 감천이라고 하늘도 감동했는지 어느덧 가게는 자리를 잡았고 집안 형편도 좋아졌습니다. 하지만 10여 년의 생활이 이미 몸에 배었는지라 어머니와 나는 여유라는 것을 생각하지 못했습니다.

입대를 한 지금에서야 지난 23년을 살면서 생각하지 못한 걸 하나하나 깨닫는 중입니다. 정말 열심히 살았기에 부끄러움은 없지만 인생에서 꽃과 같은 시기에 삶의 여유를 즐기지 못한 내 자신에게 정말 미안할 따름입니다. 늦었지만 이제라도 그 사실을 깨달은 것에 감사하며, 이젠 남들뿐만 아니라 나 자신을 위해 힘들 땐 언제나 기대어 쉬면서 생각할 수 있는 마음속 나무 한 그루를 심기로 했습니다.

세상에는 여유를 잊고 사는 사람들이 많습니다. 새벽녘 잠을 설치고 나와 하루 종일 돈 버느라 고단하게 일하고는 밤늦게 들어가면 힘에 겨워 잠들어 버리지요. 나 또한 그런 사람이었습니다. 그러나 이제는 나 자신에게 더 이상 미안하지 않게, 차 한 잔 하며 사는 여유를 가져 봅니다.

훗날 내 삶을 돌아보며 정말 후회 없는 멋진 인생을 살았다고 스스로 느낄 수 있으면 좋겠습니다. 내 마음속 나무 한 그루를 떠올리며 과거의 나에게 진 빚을 갚고 더 멋진 인생을 살아가는 내가 되었으면 합니다.

나를 속여서 미안해

박정수 님 / 경기도 안산시 사1동

남편과 중매로 만나 6개월 만에 결혼한 뒤 시부모님과 함께 살았습니다. 신혼 초 시집살이는 생각했던 것보다 더 매웠습니다. 게다가 효자 남편은 늘 부모님 편만 들었기에 사는 것이 힘들고 우울했습니다. 그렇게 10년을 살다 보니 마음속에 시부모님과 남편을 원망하는 마음이 쌓였고 결국 너무 지쳐서 전문기관의 상담을 받게 되었습니다.

상담 초반, 선생님은 구구절절한 나의 하소연을 모두 들어 주셨습니다. 그렇게 쏟아 부으며 울고 나면 속이 좀 후련해지는 것 같았죠. 하지만 상담 중반쯤 나를 힘들고 지치게 했던 것이 시부모님과 남편이 아니라 36년간 가면을 쓰고 살아온 나 자신 때문이라는 것을 알았습니다.

애써 잊고 지냈던 과거. 어린 시절의 나는 맞벌이하는 부모님, 언니, 남동생과 작은 집에서 북적이며 살았습니다. 어려운 형편에도 애교가 많은 언니는 아빠의 사랑을 듬뿍 받았고 유일한 아들인 남동생은 엄마의 사랑을 받으며 자랐지요. 나는 늘 외로웠습니다. 더군다나 가난한 아빠는 준비물을 사기 위해 내미는 나의 작은 손을 채워 주지 못했습니다. 그러면서 어린 내 가슴에 부모님께 거절당했다는 커다란 상처가 남겨졌나 봅니다.

그동안 그런 내 모습이 싫어서 거짓으로 웃고 거절에 대해 무척이나 예민하게 반응하며 살았다는 것을 이제야 알았습니다. 상담 중 선생님께서 말씀하셨지요.

"그때 부모님은 그럴 수밖에 없었다고 이해해 줍시다. 그리고 가슴속 깊이 묻어 두었던 상처받은 나 자신을 위로해 줍시다. '그동안 많이 힘들었지?' 하고 말이에요."

먼저 나에게 사과를 해 봅니다.

"정수야, 그동안 많이 힘들었지? 가난한 부모를 둔 것도, 네가 사랑을 못 받고 자란 것도 네 잘못이 아니야. 사랑한다."

아직은 저 밑바닥에 있는 나를 완전히 만나지는 못했습니다. 하지만 조금씩 나를 만나다 보면 언젠가 나를 힘들게 했던 사람들도 편안하게 볼 수 있으리라 여겨집니다.

## 이제부터라도 나를 위해서
이주희 님(가명) / 경남 마산시 구암2동

그리 넉넉하지 못한 집에 5남매 중 셋째로 태어나 참 많은 것을 포기하며 살았습니다. 초등학교 때 다른 친구들이 미술 학원이나 피아노 학원을 다닐 때 나는 주산 학원을 택했습니다. 상업고등학교에 입학해서 얼른 자격증 따고 취업해서 돈을 벌자는 생각을 하니 미리 주산을 배워 두면 유리하겠다 싶었지요. 형제가 많은 데다 오빠가 공부를 아주 잘했기 때문에 나까지 대학을 꿈꾸는 게 불가능하다는 걸 그 어린 나이에도 알 수 있었습니다.

나는 생각대로 여상에 진학했고 졸업해서 그 당시 꽤 괜찮은 직장에 들어갔습니다. 그 무렵 아버지는 하시던 가게가 잘 안돼 장사를 그만두셨지요. 내가 벌어 오는 돈으로 온 식구가 한 달을 살기에 빠듯했지만, 오빠의 대학 등록금도 내고 행복했습니다. 그렇게 뒷바라지할 수 있다는 게 무척 뿌듯했고요.

시간이 지나 막냇동생이 고등학교 갈 때가 되자 아버지는 동생도 여상에 진학하길 원하셨습니다. 하지만 동생이 나처럼 공부를 접는 것이 가슴 아파 동생이 원하는 인문계에 진학시켰습니다. 몇 년 뒤 마침내 동생이 대학에 들어가는 걸 보며 나는 행복했습니다. 동생은 내가 못했던 모든 것을 대신 해 줄 수 있는 분신 같은 존재였죠.

부모님, 형제에게 해 주는 건 아깝지 않았는데 정작 나를 위해 쓰는 건 작은 돈도 아주 크게 느껴졌습니다. 그렇게 살다 보니 정작 내가 배우고 싶은 것, 하고 싶은 것은 하나도 할 수가 없었죠. 결혼마저도 생각할 수 없었습니다. 내가 결혼을 해 버리면 살림에 얼마나 큰 타격을 줄지 누구보다 잘 알고 있었거든요.

그러다 나는 회사에 안 좋은 일이 있어서 억울하게 회사를 그만두게 되었고 막냇동생은 학과가 적성에 안 맞아 다시 수능을 준비했습니다. 그런데 시험 결과가

안 좋게 나오자 가족에게 미안한 마음에 막다른 길을 택하고 말았습니다. 미안하다는 유서 한 장만 남기고…

그 일이 있은 지도 3년이 다 돼 가네요. 몇 달 전부터 나는 다시 취업을 준비 중입니다.

이제 와서 돌이켜보니 그동안 집안 살림에 보태느라 정작 나에게 투자를 못한 것이 취업에 걸림돌이 되네요. 지금은 오빠도 서울에서 직장생활하고 동생도 결혼해서 잘살고 집안형편도 그때보다는 많이 나아졌는데 나만 뒷걸음질하는 기분이 듭니다. 그렇게 살아오면서도 내가 뭘 해 줄 수 있다는 게 행복했는데 이젠 해 주지 않아도 다들 알아서 하니까 내가 너무 작게 느껴집니다.

예전부터 내가 공부를 계속하고 싶어 한다는 걸 아는 오빠는 지금부터 자신이 뒷바라지할 테니 공부를 시작하라고 해요. 하지만 내 성격상 그렇게는 못 하는 걸 누구보다 내가 제일 잘 알고 있지요. 그래서 이제부터라도 나를 위해 살려고요. 얼른 취직해서 내 능력으로 배우고 싶은 거, 하고 싶은 거 하면서 살기로 마음먹었습니다. 공부도 접는 게 아니고 잠시 미뤄 둘 생각입니다. 내 힘으로 할 수 있을 때까지.

## 어떤 외출

이정자 님 / 광주시 북구 망월동

"엄마, 일요일은 시간 좀 비워 놓아요." "무슨 일인지 알아야 비우든지 채우든지 하지." "주말에 모처럼 모시고 싶어도 늘 엄마는 가게 일이 우선이잖아. 이번에도 분명 핑계만 대실 것 같으니 행선지는 그날 알려 줄게요."

일요일 아침이 되자 딸아이는 장롱 속 깊숙이 넣어 두었던 내 코트를 다림질하기 시작했다. 그리고 일 년에 두어 번 신을까 말까 하는 철 지난 구두를 꺼내 광내고, 그야말로 난리 법석이 아니었다.

영문도 모르고 따라나선 내 자신이 우스웠지만 오랜만에 막둥이와 손을 잡고 나서는 것도 싫지는 않았다. 버스를 타고 어느 교육대학교 정문 앞에서 내린 딸아이는 그제야 '이실직고' 했다.

"엄마, 다름이 아니고 오늘 여기에서 백일장이 있어. 엄마도 참가하라고 미리 말씀드리면 분명 손사래 치실까 봐 말 안 했어요."

"그렇다고 이 중요한 일을 미리 말도 안 하냐. 글은 정서적인 여유가 뒷받침되어야 쓸 수 있는 거잖아. 느닷없이 가게에서 돈 계산만 하다 글이 나오겠냐?"

교육대 학장의 인사말에 뒤따르는 시제는 '가을'이었다. 참가자 모두 캠퍼스에 흩어져 자리를 잡았고, 딸아이가 이끄는 대로 나도 계단 중간쯤에 자리를 잡았다. 시상은 떠오르지 않고 막막했다. 더구나 딸아이의 휴대전화로 가게를 봐 주기로 한 남편의 전화가 빗발쳤다. 일요일이라 예식장 갈 일이 빠듯한데 언제 오냐는 둥, 마음을 가다듬고 써 보려 해도 남편 전화가 마음에 걸렸다.

마음을 비워야겠다는 생각에 눈을 감고, 햇살의 장난을 만끽했다. 황금빛 승복을 입은 여인의 춤사위를 떠올리는데, 눈부신 햇살 때문인지 더욱 현란하게 춤을 추는 듯했다. 가을 햇살 속에서의 승무! 마음속 한에 이끌리기라도 하듯 시를 짓기 시작했다. 접수부에 시를 내고 돌아오는 길에 허탈감이 밀려왔다. 집안의 가장 노릇을 하느라 한 치의 여유도 없이 달려온 일상에서 나 자신을 위한 시간은 얼마만큼이었을까! 지난날들이 주마등처럼 스쳤다. 위로는 시할머니와 시어머니, 그리고 아래로는 오남매를 둔 맏며느리였던 나. 다섯 아이를 대학까지 교육시키고 남부럽지 않게 출가시켰건만 정작 내게는 무관심했던 세월.

마음은 아직 불혹의 나이에 머물러 있는데 육신은 귀밑머리 하얀, 다섯 손자 녀석의 할머니가 되었다. 얼마 남지 않은 내 날들을 어떻게 보상하며 살아야 하는지. 아직 채 출가하지 않은 두 아이와 아흔이 넘은 시어머니…. 내 스스로 여유를 찾지 않으면 죽을 때까지 짐만 지다 가겠지. 마음을 비우기로 작정해 본다. 나에게 주어진 현실을 무시할 수는 없지만 이 가을날, 한 줄기 시를 찾아 코스모스 꽃길이라도 걸어야겠다. 저만치 산자락에 가을은 오고 하늘은 푸르다 못해 호수 같다.

# 특집 예고

**12월**  올 한 해 고맙습니다, 당신

살면서 다른 사람에게 들었던 말 중에 "함께 있어 주어서 고마워."라는 말은 두고두고 잊혀지지 않습니다. 비록 짧은 한 마디 말이었지만 따뜻한 기운이 온몸으로 번졌습니다. 그러고 보면 "고맙습니다."라는 말은 대단한 위력을 가진 듯합니다.

한 해를 마무리하는 12월에는 내가 먼저 다른 사람들에게 "고맙습니다."라고 말해 보면 어떨까요. 특별한 우정을 나누어 준 분에게, 변함 없이 나를 믿어 준 분에게, 용서의 손길을 내밀어 준 분에게, 깊은 사랑으로 감싸 준 분에게, 그리고 온갖 아름다운 수식어로도 내 마음을 다 전할 수 없는 소중한 분에게 "고맙습니다."라고 말해 보세요. 그리고 이제 《좋은생각》에 고마운 분들에 대한 사연을 들려주세요.

**1월**  나는 그때 비로소 어른이 되었다

할머니가 돌아가셨을 때입니다. 아버지는 하룻밤 사이에 머리카락과 수염이 희끗희끗해진 것 같았습니다. 눈물도 거의 흘리지 않고, 슬픔을 드러내지 않으셨지만 허옇게 세어 버린 머리카락과 수염으로 어머니를 잃은 자식의 아픔을 표현하고 계셨습니다. 몇 개월 뒤 아버지는 "어머니를 보내고 나서야 내가 철이 든 것 같다."라고 고백하셨지요.

누구나 어른이 되지만, 그 과정은 쉽지 않습니다. 사랑하는 사람이 세상을 떠나거나 결혼, 출산 등 살면서 큰일을 겪고 나서야 비로소 우리는 어른이 됩니다. 어디 그뿐인가요. 처음 가족 곁을 떠나 혼자 여행 갔을 때, 뼈아픈 실패를 경험했을 때, 첫사랑이 이루어지지 않는다는 것을 알았을 때, 배우자의 집에 처음 인사 갔던 날 어른 대접을 받았을 때 우리는 어른이 되었음을 실감합니다. 이제 좋은님이 어른이 될 때 겪은 '마음의 성장통'을 들려주세요.

---

♣ 가명으로 실릴 수 있으니 이름, 주소, 연락처를 반드시 적어 주십시오. 원고는 다른 곳에 응모한 적이 없는 미발표작이어야 하며, 보내 주신 원고는 반환하지 않습니다. 채택된 원고의 저작권은 《좋은생각》에 있습니다.

**원 고 량**  200자 원고지 10장 분량 (PC로 작성할 경우 A4 한 장)

**원고마감**  12월호 (올 한 해 고맙습니다, 당신) - 10월 20일
　　　　　2008년 1월호 (나는 그때 비로소 어른이 되었다) - 11월 20일

**보내실곳**  서울 서대문우체국 사서함 100호 '특집' 담당자 앞 (우 120 - 600)
　　　　　www.positive.co.kr '원고응모란' 게시판 / 팩스 (02) 337 - 0336

# 당신을 응원합니다

내가 활동하는 '직장인 극단' 동료들은 바쁜 직장생활을 하면서도 해마다 '근로자 연극제' 에 참가하기 위해 퇴근 뒤 모여 열심히 연극 연습을 한다. 그러던 6월 어느 날, 극단에 남자 단원이 새로 들어왔다. 가뭄에 콩 나듯이 귀한 남자 단원이기에 더욱 반가웠다. 훤칠한 키에 균형 잡힌 몸매가 꼭 모델 같다 싶었는데 그는 정말 모델이 꿈이라고 했다. 순간 나는 '혹시 겉멋만 든 사람인가?' 하고 생각했다.

그런데 그 남자, 알고 보니 엄청난 노력가였다. 날마다 새벽 4시에 일어나 운동하고 도서관에서 공부를 한다는 것이다. 또한 부모님께 손 벌리지 않고 자신의 힘으로 성공하기 위해 아르바이트를 하며 차곡차곡 돈을 모으고 있었다. 스물여섯이면 한창 놀고 싶을 텐데도 그는 미래를 위해 절제하는 습관이 몸에 배어 있었다.

"윤! 난 네가 톱모델이 될 거라고 믿어. 모델이 되기 위해 출발선을 밟았으니 꼭 정상에 깃발을 꽂아야 해. 힘내!"

함혜영 님 / 서울 서초구 방배본동

여름이 어서 지나가기를 바랐건만 아침저녁으로 부는 싸늘한 바람이 무섭다던 네 말이 가슴 시리도록 저미어 온다. 가난한 사람은 겨울 오는 것이 무섭다고….

건강하던 네 남편이 십 년간 병석에 누워 있는 게 믿기지 않는다며 친정어머니가 눈시울을 붉힐 때 내 마음도 아렸다. 당차던 네 모습이 어디로 갔는지 모르겠다며 네가 얼마나 힘든지 전부 알고 계시는 듯 어머니는 말씀하셨어.

네가 병원에 다녀온 이야기를 할 때면 남편을 바라보는 네 애석한 마음과 아이들과 너만 용케 알아본다는 네 남편의 애절함이 절절히 묻어나오더구나.

친구야, 신은 견딜 만큼의 시련만 준다고 하지 않니? 넌 잘 견뎌 왔고, 앞으로도 잘 이겨 낼 수 있으리라 믿는다. 마흔두 번의 겨울을 보냈는데 뭐가 더 두려울까. 비록 가진 것 없더라도 네게는 엄마를 잘 따르는 착한 딸과 공부 잘하는 귀여운 아들이 있잖니. 사랑하는 친구야, 힘내렴.

오연심 님 / 대전시 대덕구 법1동

**12월 주제-당신은 아름다운 사람입니다**
한 해 동안 당신이 있어 참 행복했습니다. 가정에서, 회사에서, 오가는 길목에서 내가 만난 아름다운 사람 이야기를 들려주세요. 10월 20일까지 우편이나 홈페이지 《좋은생각》 원고응모 코너로 보내 주시면 됩니다. 사연을 보내 주신 모든 분께는 감사와 축하 카드, 엽서, 서표, 스티커가 담긴 '행복 꾸러미' 를 보내 드리고, 채택되신 분께는 '좋은생각 일기장' 한 권을 전해 드립니다.

'행복 꾸러미' 신청 : 서울 서대문우체국 사서함 100호 (우 120-600) 좋은생각 캠페인 담당자 앞
팩스 (02) 337-0336 홈페이지 www.positive.co.kr (원고응모란)

한비야 님은 국제 NGO 월드비전에서 긴급 구호 활동을 하며, 글과 강연으로 감동과 도전을 전파해 많은 이들에게 삶의 모델이 되고 있습니다. 저서로는 수년간 국내외 여행 경험을 담은 '바람의 딸' 책 시리즈와 긴급 구호 현장을 담은 《지도 밖으로 행군하라》가 있습니다.

# 어디선가 무슨 일이 생기면

여기는 남부 아프리카 짐바브웨, 긴급 구호 현장의 식량 사업 총괄 매니저가 되기 위한 훈련을 받고 있는 중이다. 원래는 석 달 반 동안 충실하게 훈련만 받을 계획이었는데 얼마 전 짐바브웨, 레소토, 스와질란드에 국가 비상사태가 선포되었다. 5년째 곡물 수확이 전무한 데 따른 극심한 식량 부족 때문이다. 덕분에 말이 훈련이지, 단계별 훈련이 끝나자마자 바로 현장에 투입되어 대규모 식량 배분 사업을 진행해야 하는 실정이다.

오늘도 하루 종일 대형 창고 세 곳에 나뉘어 있는 구호 식량 구만여 부대에 대한 서류를 만들고 대조하고 재확인하느라 정신없었다. 저 50kg짜리 밀가루 한 부대가 한 가족의 한 달 식량이라니, 쌓여 있는 부대 자루를 보기만 해도 마음이 든든하다. 이 나라에만 내년 3월까지 우리 식량 지원을 받는 사람이 무려 백삼십만 명이란다.

내가 훈련 받으러 아프리카에 간다니까 무슨 훈련이 더 필요하냐며 의아해하는 사람이 많았다. 무슨 말씀. 한국에선 나 정도도 전문가로 쳐주겠지만 바깥에 나오면 내 실력이란 겨우 햇병아리를 면한 중닭 수준이다. 그렇지만 나도 이번 훈련을 마치면 세계 어디서든 국제 수준에 맞는 식량 사업을 진행 및 총괄할 수 있는, 명실 공히 국제구호전문가로 거듭나게 된다. 드디어 장닭이 되는 거다.

지금 이곳은 늦봄으로 자카란다라는 진한 보라색 꽃이 벚꽃처럼 흐드러지게 피어 도시 전체를 보라색으로 물들이고 있다. 본격적인 현장 근무 전 내 임시 숙소는 짐바브웨 제2의 도시 불라와요에 있는 월드비전 게스트하우스. 예전에 백인 농장주인 집이라는데 널찍한 마당에는 잘생긴 나무들과 이름 모를 꽃들로 가득하다. 새벽에는 자명종 대신 새소리가 잠을 깨우고 나는 아침마다 마당 벤치에 앉아 커피를 마신다.

여기까지는 좋은데, 문제는 물이 안 나온다는 거다! 펌프가 있지만 지하수가 어찌나 짠지 샤워를 하면 온몸이 장아찌처럼 절여지는 것 같다. 허나 그나마도 감지

덕지, 관리인은 손님방이 있는 2층으로 물을 나르느라 몹시 바쁘다.

"리차아아아드!"

내가 요즘 제일 많이 부르는 이름이다. 서른 살의 관리인 리차드는 투숙객 네 명의 식량 문제도 해결해야 한다. 지금 짐바브웨는 연 7,000%라는 전대미문의 인플레이션을 겪고 있는 데다 돈이 있다 해도 살 물건이 없다. 가게란 가게는 이사 나간 것처럼 텅텅 비었고 사람들은 설탕, 비누 등 일용품을 사러 이웃 나라인 남아공이나 보츠와나로 가야 하는 실정이다.

리차드 역시 빵과 우유, 식용유 때문에 진종일 전화통에 매달리다 물건이 있다는 소리를 듣는 즉시 단숨에 달려간다. 그렇게 애써 구해 온 것으로 아침과 저녁 식사를 만든다. 놀랍게도 그는 요리사 자격증이 있는데, 빵도 못 구하는 날이 많으니 어떻게 실력 발휘를 할 수 있냐며 애석해한다.

더욱 놀라운 건 펌프 수리부터 모기장 수선까지 매일 크고 작은 일을 해결해야

▲ 짐바브웨에서 내 숙식을 책임지는 리차드와 함께

하는 리차드는 아무리 힘들고 귀찮은 일이 생겨도 언제나 싱글벙글 웃는다는 거다.

첫날, 시차 때문인지 새벽 4시에 잠이 깼다. 물 한 잔 마시려고 부엌으로 가다 깜짝 놀랐다. 글쎄 그 첫새벽에 거실에서 리차드가 무아지경으로 책을 읽고 있는 게 아닌가. 알고 보니 그는 작년부터 통신과 인터넷으로 대학 과정을 밟고 있는데, 관광학 전공으로 10월 15일과 20일에 있을 시험을 준비하는 중이었다. 하기야 새벽이 아니면 언제 공부할 시간이 있을까? 나를 포함한 숙소 손님들이 하루 종일 리차드를 불러 대는데 말이다. 그날 저녁, 밥을 먹으면서 나는 손님들에게 살짝 이렇게 당부했다.

"당분간 아침 6시 반 이전에는 리차드를 부르지 말아 주세요. 다들 오케이?"

깡촌 출신이 도시에 와서 돈도 벌고 외국인도 많이 만나고 공부까지 할 수 있으니 자기는 정말 행운아라고 말하는 리차드. 해야 할 일과 하기로 한 일은 언제나 기꺼이 웃는 얼굴로 하는 리차드. 나는 이번에 짐바브웨에서 식량 사업 매니저 훈련뿐만 아니라, 사람과 일을 대하는 기본자세에 관한 훈련도 제대로 받고 갈 것 같다. 기대된다.

이외수

# 11월

세상은 저물어
길을 지운다
나무들 한 겹씩
마음 비우고
초연히 겨울로 떠나는 모습
독약 같은 사랑도
문을 닫는다
인간사 모두가 고해이거늘
바람은 어디로 가자고
내 등을 떠미는가
아직도 지울 수 없는 이름들
서쪽 하늘에 걸려
젖은 별빛으로
흔들리는 11월

## 11월 첫째 · 둘째 주

1 목

2 금

3 토

4 일

5 월

6 화

7 수

8 목 입동

9 금

10 토 음 10.1

# 1

**목요일**

# 뒤에 서는 기쁨

권영상 님 / 동화 작가

모처럼 딸아이가 시간이 났다. 대학에 다니는 딸아이는 제 나름대로 스케줄이 있어 바쁘다. 함께 아침 먹는 횟수도 줄었고, 함께 텔레비전 보는 시간도 적어졌다. 한 번 외출을 하면 늦게서야 돌아오기 일쑤다. 그래도 가끔씩 함께 식사할 때면 입가에 밥풀을 떼라거나 숭늉 마실 때 소리 내지 마라는 등 기분 좋은 잔소리를 한다. 또 술은 조금씩 마시라거나, 꽃을 사 들고 들어올 때를 귀띔하기도 한다.

딸아이는 늘 내 뒷자리에 있었다. 내가 그를 채근했으니까. 근데 언제부터인지 내 앞에 나서서 내 흠을 밉지 않게 고쳐 주었다.

"함께 산에 가지 않으련?" 딸아이에게 짬이 난 걸 알고 물었다. 가끔 동네 산을 오르다 보면 아들과 산을 오르는 아버지들을 만난다. 가끔 그들이 부러웠다. "좋아요." 딸아이가 흔쾌히 내 부탁을 받아 줬다.

산이라 봐야 동네 산이다. 산 입새에 들어서면 길이 좁아진다. 딸아이가 내 앞에 섰다. 자연스럽게 나는 딸아이 뒤에 섰다. 앞서 가는 딸아이의 키가 시야를 막고, 젊은 그의 걸음이 내게는 맞지 않는다. 그런데도 딸아이를 앞세우고 산을 오르는 일은 싫지 않았다. 나는 여태껏 가족을 위해 늘 앞에 서 왔다. 작은 전세방을 얻어 옮길 때도, 명절에 고향을 내려갈 때도 앞장 서서 가족을 데리고 갔다. 온갖 불평을 들으면서도 의무감에 그 앞자리를 지키면서 살아왔다.

산을 오르다 보면 몇 번의 갈림길이 나온다. 샘물터로 가는 계단 길과 숲으로 들어가는 호젓한 소로. 나는 늘 이쯤에서 번잡하지 않은 소로를 택했다.

"어떤 길로 가고 싶어요?" 갈림길 앞에서 딸아이가 내게 물었다. "네가 좋아하는 길로 가자." 나는 그 순간 내 방식의 길을 버렸다. 딸아이는 젊은이답게 쭉 뻗은 계단 길을 택했다. 내가 원하는 길은 아니지만 서슴없이 딸아이를 따랐다.

이 나이에 나의 길을 딸아이에게 맡기고 싶지는 않다. 그러나 내 방식의 길을 버리고 딸아이를 따르는 동안 기쁘고 뿌듯했다. 비록 이번 한 번만의 겸양일지라도. 나의 길을 고집한다 해도 세상의 모든 순서가 그렇듯 언젠가는 누군가에게 비켜 줘야 한다. 딸아이든 얼굴을 모르는 다음 세대든. 뒤에 선다는 것은 자연스러운 일이지 거부할 일이 아니다. 자식을 앞세우고 산을 오르는 이들이 왜 부러웠는지 오늘에야 알겠다. 삶의 이치를 천천히 익힐 수 있기 때문이다.

우리는 나이가 들어 제약받는 게 아니라, 오히려 그 나이듦으로 인해 자유로워진다. (스투 미틀맨)

# 딸아이의 손

고미영 님 / 제주도 제주시 연동

때로는 눈물도 미안해서 흘리지 못할 때가 있다. 내 눈물 때문에 딸아이의 눈에서 간신히 참고 있는 눈물이 쏟아질까 봐….

나는 올해로 암과 투병한 지 7년이 되어 간다. 2년 전 겨울, 그러니까 딸이 5학년 때 일이다. 한창 예쁘게 자라면서 공부할 나이에 딸은 여느 때와 마찬가지로 나 대신 설거지를 했다. 이제는 제법 살림꾼이 된 딸이 안쓰럽기도 하고, 한편으로는 믿음직해 보였다. 잠시 뒤 설거지를 마친 딸이 내 옆에 앉기에 딸아이의 손을 잡았다. 그런데 손등이며 손마디가 쩍쩍 갈라져 차마 눈 뜨고 볼 수가 없었다. 내 아이 손이라는 게 믿겨지지 않았다. 아이가 이렇게 되도록 나는 전혀 눈치를 채지 못했던 것이다.

울컥하고 차오르는 눈물을 참자니 내 자신이 한심스러워 사는 것조차 싫어졌다. 소리 내어 울자니 어린 딸이 더 서러워하며 울 것 같아 꾹 참았다. 강한 척 아무렇지도 않은 척하지만 그 속인들 오죽할까. "미안해."라고 겨우 말은 했지만 그것만으로 지울 수 없는 고통의 시간들이 딸의 유년을 먹칠해 버렸다. 그날따라 근심과 걱정으로 엄마 눈치 보며 살아가는 딸의 모습이 나보다 더 아프고 슬퍼 보였다.

그 뒤 나는 핸드크림을 하나 사서 딸에게 주며 날마다 신경 써서 손에 바르라고 말했다. 덕분에 딸의 손은 꽤 매끈해졌다. 하지만 엄마보다 굵어진 딸의 손마디, 그 위에 내가 살아온 길이 굵직하게 나 있다. 아무리 좋은 핸드크림을 바른다고 해도 이 길은 지워지지 않을 것이다. 고마운 딸에게 마음속으로 말한다. '내 딸 사랑해, 그리고 미안해.'

오늘의 생각

.....................................

.....................................

.....................................

.....................................

.....................................

.....................................

.....................................

.....................................

.....................................

.....................................

.....................................

## 사랑은 주는 것

젊었을 때 나는 사람들에게 그들이 줄 수 있는 것 이상을 요구했다. 지속적인 우정, 끊임없는 감동…. 이제 나는 그들에게 그들이 줄 수 있는 것보다 더 적은 것을 요구할 줄 안다. 그냥 말없이 같이 있어 주는 것 같은. 아무것도 주지 않는 사랑은 아무것도 가진 것이 없다. 《작가수첩》, 알베르 카뮈)

# 강물에 던져 버린 크레파스

**2**
금요일

이상권 님 / 동화 작가

초등학교 4학년 때였다. 선생님이 교내 사생대회에 나갈 반 대표로 나를 지목했다. 뜻밖이었다. 내 그림은 크레파스가 제대로 갖춰 있지 않아서 늘 제 색을 표현하지 못했다. 그런 나를 알아주는 선생님이 얼마나 고마웠는지 모른다. 나는 은근히 화가의 꿈을 품고 있었다. 적어도 꽃이나 곤충만큼은 도드라지게 잘 그렸다.

집에 오자마자 형이 쓰던 좋은 크레파스를 들고 다시 학교로 갔다. 구령대 앞에는 벌써 각 반 대표들이 모여 있었다. "야, 너 왜 왔냐?" 뒤에서 진우가 어깨를 툭 쳤다. 분명히 내가 우리 반 대표인데 어떻게 진우가 와 있는지 이해할 수 없었다. 우등생인 진우는 아버지가 군청 공무원이었다. 그런 생각을 하는 순간 나는 상황이 어떻게 되었는지 알 수 있었다. 우리 반 대표가 반장으로 바꿔치기 된 것이다.

"어, 그, 그냥…. 토끼 당번이라 토끼풀 주려고 왔어." 나는 당황하여 간신히 그 자리를 피했지만, 머리가 어지러울 정도로 충격이 컸다. 집으로 오다가 강가에 앉아 선생님을 욕하면서 크레파스를 강물에다 던졌다.

"다시는 그림을 안 그릴 거여, 다시는!" 마구 소리치면서 우는데 누군가 다가왔다. 석이였다. 나랑 가장 친하던 석이가 꼴망태를 내리고 옆에 앉았다. 석이가 뭔가를 내밀었다. 단감이었다. 나는 그걸 받아 억지로 씹어 댔다.

"우리 반에 너보다 그림 잘 그리는 사람은 없시야. 그건 다 아니까, 다 잊어불어라. 저번에 글짓기대회에도 민자가 대표로 뽑혔지만 진우가 나갔잖여!"

석이는 이미 모든 상황을 꿰뚫고 내 어깨를 토닥여 주었다. 그러나 석이가 내 상처를 어루만져 주기에는 너무 어렸다. 나는 선생님만큼이나 큰 어른들의 눈길을 절실하게 기다리고 있었다. 물론 아무도 그런 눈길을 주지 않았다. 선생님도 반 대표가 바뀐 것에 대해 해명하지 않았다. 나는 더 이상 그림을 그리지 않았다.

그로부터 30년이 흐른 어느 날 석이가 웃으면서 말했다. "너, 그때 선생님이 반 대표를 바꿔치기 하지 않았더라면… 물론 더 유명한 화가가 되었을 수도 있지만, 적어도 작가는 될 수 없었겠지. 그러니까 그 선생님한테 고마워해라."

"나도 그렇게 생각한다. 어쨌든 나한테는 그때 일이 좋은 자양분이 되었으니까. 그리고 다시 그림도 그린다. 그 당시 실력으로, 꽃이랑 곤충들을…."

🌰 가장 중요한 것은 나의 내부에서 빛이 꺼지지 않도록 노력하는 일이다. 안에 빛이 있으면 밖은 스스로 빛나는 법이다. (슈바이처)

# 도가지? 도화지?

김성기 님 / 경기도 고양시 일산3동

그림 | 이광범

"엄니, 학교에서 선생님이 도가지(독, 단지 등을 뜻하는 경상도 사투리) 가지고 오라고 했어." 아침에 일어나 학교 갈 준비를 하던 나는 어머니께 말씀드렸다. 어머니는 마당에 있던 작은 항아리 하나를 주섬주섬 꺼내 깨끗하게 씻더니 행주로 열심히 닦으셨다.

마침 이웃집 아주머니가 지나가다 그 모습을 보고 말을 건네셨다. "아이고, 뭐 땜시 도가지를 그렇게 신주단지처럼 닦고 그런다요이." "아, 글씨 우리 성기가 핵교에서 도가지를 가지고 오랬다고 그러잖혀." "도가지를 핵교서 어디다 쓸라고?" "그런게, 별놈의 선생이 다 이써이." 나도 한마디 거들었다. "엄니, 미술시간에 쓸 거라고 했어." 그러자 아주머니가 상황 정리를 해 주셨다. "미술? 그러면 저그 머시냐 도화지 아니까?" 아주머니 덕분에 나는 도가지를 들고 학교에 가는 일은 면했다.

불현듯 어머니와 한바탕 웃음을 터뜨렸던 도가지 사건이 떠올랐다. 나이 마흔이 넘어서 야간 전문대를 다니는 나를 보며 시골 어르신들은 출세했다고 입을 모으신다. 하지만 효도 한 번 제대로 받지 못하고 돌아가신 어머니 생각에 내 마음은 늘 무겁기만 하다. 어머니와 창경원으로 벚꽃 구경을 다녀왔던 날, 어머니는 아들이 출세한 덕분에 서울 구경을 다 한다고 몹시 기뻐하셨다. 하지만 언제나 시골 어르신들의 논란 거리였던 남대문 문턱이 박달나무로 되어 있는지 참나무로 되어 있는지는 확인하지 못하고 돌아가셨다. 살아 계실 때 좀 더 잘해 드리고 구경도 많이 시켜 드릴걸… 언제나 어머니는 그리움이다.

## 오늘의 생각

................................................

................................................

................................................

................................................

................................................

................................................

................................................

## 스토리텔링 마케팅

스토리텔링은 문학에서 나온 용어지만 최근 마케팅에서도 사용한다. 상품을 시장에 알리기 위한 방법으로 상품이 소비자와 어떠한 연관을 가질 수 있는가, 어떤 의미 있는 이미지로 소비자의 기억에 남을 수 있는가에 집중하는 것. TV에서 이야기가 있는 광고가 유행하는데 이것 역시 스토리텔링이다.

# 3

**토요일**

# 아인슈타인의 친구들

이하림 기자

만일 그가 없었다면 지금 우리는 어떤 모습으로 살고 있을까? 상대성 이론을 완성시켜 GPS를 사용하게 하고, 광전 효과를 밝혀 디지털 카메라, 음주 측정기, 캠코더 등을 쓸 수 있게 한 과학자! 바로 아인슈타인이다. 그 누구도 생각하지 못한 것을 상상하고 이론으로 풀어낸 아인슈타인은 '20세기 최고의 천재 과학자'라 불렸다. 훗날 과학자들은 그의 뇌에 유독 신경세포가 많아 천재가 됐다고 추측했다. 그러나 아인슈타인의 삶을 들여다보면, 그의 부족함을 채워 주고 지적 호기심을 자극시킨 친구들의 도움이 컸음을 알 수 있다.

학창 시절 활동적인 실험을 좋아하는 아인슈타인에게 종일 책상에서 숫자 계산만 하는 수학은 무척 지루한 과목이었다. 그래서 그는 수학 수업을 밥 먹듯이 빼먹었다. 그러던 어느 날이었다. 중력이 공간의 구조를 변화시킨다는 상대성 이론을 논리적으로 풀어내려고 시도했다. 그러나 불행히도 수학을 게을리 한 탓에 그것을 풀 수 없었다. 그는 몇 년간 이 이론을 연구하다 수학과 친구 그로스만에게 편지를 썼다. "자네 도움이 필요해. 수학 때문에 미칠 것 같아!" 그러나 그로스만도 풀지 못하는 문제가 있었다. 이때 대학 동기이자 그의 아내인 밀레바가 도움의 손길을 내밀었다. 수학에 탁월했던 그녀는 가뿐하게 수학 문제를 풀어 주었다. 비록 수학은 못했지만 오로지 끈기 하나로 연구에 몰두한 아인슈타인. 결국 그는 십년 만에 상대성 이론을 완성했다.

아인슈타인은 친구들과 과학을 연구하기 위해 '올림피아 아카데미'라는 모임을 만들기도 했다. 이 모임에서 진행한 토론은 그의 연구가 과학적 오류에 빠지지 않는 데 큰 도움을 주었다. 특히 베소는 그에게 중대한 영향을 끼쳤다. 1905년 아인슈타인이 직장생활 중에도 광전 효과, 브라운 운동 등 연달아 논문을 발표할 수 있었던 것은, 기계 기술자인 베소 덕분이었다. 그는 대화가 잘 통하는 베소를 아예 자신이 일하는 특허국에 불러들여 종일 함께 연구를 했는데, 베소는 날카로운 비평 능력으로 아인슈타인의 사고에 신선한 자극을 주곤 했다.

'과학'이라는 공통의 관심사를 가진 친구들은 아인슈타인이 물리에 대한 열정을 꽃피우게 한 기름진 토양이었다.

> 참된 친구는 그대가 실수를 범할 때 정중하고 사랑스럽게 그대를 어루만져 준다. 또한 그대가 실패를 딛고 성장하도록 끊임없이 자극하고, 그대의 잠재력을 끌어올려 준다. (리처드 엑슬리)

# 당신의 마지막

양희수 님(가명) / 제주도 서귀포시 서홍동

고등학생 때 나는 군인이던 당신과 펜팔 친구가 되어 편지를 주고받았지요. 대학에 들어갈 무렵 우리는 연인이 되었죠. 참 행복했습니다.

그런데 어느 날 당신은 느닷없이 의가사제대를 했지요. 희귀병이 당신을 죽음으로 인도할지 모른다는 생각에 마음이 조급해졌습니다. 당신을 일분일초라도 더 보고 싶어 나는 '학교를 그만두고 결혼할까?'라는 생각을 하기에 이르렀습니다. 당신은 서울에, 나는 제주도에 사는 탓에 당신 곁에서 아픔을 위로해 줄 수 없어 더욱더 가슴 아팠습니다.

오랜 고민 끝에 하루는 무작정 집을 나와 당신 곁으로 갔습니다. 그런데 당신은 집으로 돌아가라고 나를 다그쳤고, 우리는 참 많이 싸웠지요. 나는 고집을 부려 기어코 당신 곁에서 일주일을 머물고 제주 집으로 돌아왔습니다.

하지만 그날 이후 당신은 연락을 끊었습니다. 훗날 혼자 남은 내가 가슴 아파할까 봐 내 곁을 떠난 것이었죠. 그때 당신이 참 원망스러웠습니다.

몇 년이 흐른 어느 날 나는 당신 후배에게서 "선배님께서 떠나셨습니다."라는 말을 들어야 했지요. 그 한 마디가 내 마음을 무너지게 만들더군요. 만일 당신이 하루만 더 내 곁에 있다면 나는 당신을 위해 맛있는 아침밥을 짓고, 마주 보며 밥을 먹고, 커피를 마시며 수다도 떨고 싶습니다. 또 당신 손잡고 쇼핑하고 영화도 보고 당신 곁에서 마지막을 맞이하고 싶습니다. 그럼 당신을 보내 줄 수 있을 텐데요. 당신 곁에서 마지막을 지키지 못한 일이 지금도 가슴을 아리게 합니다.

오늘의 생각

......................................

......................................

......................................

......................................

......................................

......................................

......................................

......................................

......................................

......................................

......................................

### 나이테보다 늑대 뼈

빙하, 나이테, 해양퇴적물 등 기후 타임캡슐 목록에 늑대 뼈가 추가됐다. 중금속이 식물보다 최고 포식자에게 더 많이 축적되듯, 기후 변화의 증거도 늑대에게서 더 확실하게 나타나기 때문이다. 늑대 뼈는 채취 중 공기가 들어갈 수 있는 빙하나 변형되기 쉬운 나이테보다 정확한 기후 정보를 제공한다.

# 정직해야지요

**4**
**일요일**

강상기 님 / 시인, 이수중학교 교사

학생들에게 주관식 점수를 불러 주고 난 뒤 이범선의 소설 《오발탄》을 가르치려고 하는데 한 학생이 "방금 불러 준 제 점수, 직접 확인해 보면 안 돼요?"라고 물었다. 나는 채점 카드를 넘기며 그 학생의 번호를 찾았다. 15점 만점에 그 학생은 14점이었다. "무엇이 문제야?" 하고 물으니 대답하길 "여기 이건 틀렸는데 맞았다고 하셨어요." 한다. 정답은 '분단, 통일, 전쟁'인데, 그 학생은 '겨울, 통일, 분단'이라고 답했다. "너는 네 점수보다 많은 것 같아서 확인한 거니?" "네." "그냥 모른 체했으면 너한테 이익인데, 왜 그래?" "정직해야지요." 나는 그 학생을 다시 바라보았다. 어떤 학생은 틀린 것도 맞았다고 우기거나 또는 다른 학생의 답을 훔쳐보고 제 실력 이상의 점수를 얻으려고 하는데 그 학생은 달랐다.

나는 학생들에게 말했다. "방금 이 학생은 자신의 점수가 더 높게 나왔다고 정정을 요구했다. 나는 이렇게 정직한 학생을 보면서 모든 사람이 이렇게 산다면 얼마나 좋을까 생각했다. 너희들에게 물어보겠다. 이 학생의 점수를 내가 채점한 14점으로 할 것인가? 본 점수 13점으로 할 것인가? 아니면 15점 만점으로 할 것인가?" "13점 줘요." 한 학생이 말했다. 조금 뒤에 다른 학생이 "14점으로 해요."라고 말했다. "15점은 어때냐?" 내가 물었으나 모두 대답이 없었다.

학생들에게 그 이유를 물었다. 먼저 13점. "점수는 줄었지만 정직하다는 도덕성에 있어서는 이미 점수를 얻은 것 아닙니까? 저 친구는 마음이 뿌듯할 것입니다." 다음은 14점. "길에서 돈을 주워 주인을 찾아 줘도 보상이 있는데 보상 차원에서 14점을 주는 것이 좋을 것 같습니다." 13점을 주는 것이 좋겠다던 학생이 다시 말했다. "보상받으려고 그 친구가 점수를 확인한 것은 아니지 않습니까? 그는 이미 무형의 보상을 받았습니다."

다른 의견이 나오지 않아서 나는 학생들 생각을 전체 거수로 확인해 보았다. 결과는 13점이 많았다. 학생의 점수는 내가 마음대로 할 수 있는 것은 아니다. 틀린 것을 맞았다고 할 수는 없다. 그럼에도 불구하고 학생들 전체의 의견을 물어본 것은 그걸 통해서 정직성을 가르치고 싶었기 때문이다. 《오발탄》수업을 제대로 하지 못한 오발탄 수업이 되었지만 "정직해야지요."라고 말한 그 학생의 말이 유난히 크게 들렸던 수업이었다.

🍎 부끄러운 A학점보다 정직한 B학점이 훨씬 힘이 있다. (박광철)

# 잃은 꿈, 얻은 우정

안진상 님 / 경남 김해시 진영리

교통사고로 1급 장애인이 되었을 때 왜 하필 '나'냐며 울었다. 장애인을 바라보는 사람들의 싸늘한 시선이 싫어 칩거하던 어느 날, 얼굴 좀 보자며 한사코 친구들이 밖으로 불러냈다. 수많은 계단이 늘 힘겨웠는데 그때부터 친구들이 나를 업고, 안고 땀 흘리며 마음 써 준 덕에 내 행동 반경은 조금씩 넓어졌고 비좁은 마음의 문도 열리기 시작했다.

오늘의 생각

어느 날 친구들과 모임을 마치고 돌아왔다. 아내가 주차를 하고 내 휠체어를 밀고 오는데 어둡고 노면이 고르지 않았던 탓에 바퀴가 진흙에 빠지면서 넘어지고 말았다. 아내가 이리저리로 뛰어다니며 도움의 손길을 요청했지만 진흙 범벅이 된 나를 보고 선뜻 손을 잡아 주는 사람은 없었다.

그때 우리 앞에 차 한 대가 멈춰 섰다. 나를 세상으로 불러내어 살아 있는 인간임을 알려 준 친구였다. 친구 집은 우리와 반대 방향이라 이쪽에 올 일도 없을 뿐더러 타고 온 차 또한 자기 것이 아니었는데 왜 하필 그때 거기에 왔을까?

"늦은 시간에 너희 부부를 보내 놓고 안심이 안 돼 무사히 도착했는지 확인차 왔다."

친구의 배려가 눈물샘을 자극했다. 나에게 저런 친구가 있으니 천만금을 가진들 이보다 더 뿌듯할까.

불편한 몸 탓에 많은 걸 포기하고 살아가지만 손발이 돼 주는 아내가 있어 희망을 얻고, 버팀목이 돼 주는 친구가 있어 용기가 난다. 전신마비로 꿈은 잃었지만 돈 주고도 살 수 없는 사랑과 우정이 함께하기에 나는 다복한 남자가 아닌가.

## 나무와 같은 친구

친구는 나무와 같은 사람입니다. 봄에는 꽃을 피워 눈을 즐겁게 하고, 여름에는 그늘을 드리워 땡볕을 피하게 하고, 가을에는 열매를 맺어 수확하게 하지요. 이렇듯 친구는 제가 가진 것들을 한없이 베풀되 그 대가를 바라지 않습니다.

《새벽예찬》, 장석주)

# 5

# 가을 단상

박용진 님 / 민주사회시민단체연합 상임대표

부모는 자식이 장성해도 늘 걱정이다. 요즘 아들의 귀가가 매일 늦다. 오늘도 늦는구나, 하고 아내와 나는 방에 누워 잠을 못 이루고 있었다. 이런저런 걱정으로 귀를 기울이고 있으면 새벽 2시가 가까워서야 아들이 쿵쿵, 술 취한 발걸음으로 알 수 없는 말을 중얼거리며 들어오는 소리가 들린다. 얼마나 힘들면 저럴까 싶어 안쓰럽기만 하다. 현관문 여는 소리가 나고 그때까지 잠 못 든 며늘아기가 나와 비틀거리는 아들을 부축해 들어간다. 아내와 나도 잠을 청하지만 좀처럼 잠은 오지 않고 창밖에서 들려오는 가을 풀벌레 소리만 요란하다.

어느 날 아내가 조심스럽게 며늘아기에게 물었다. "얘야! 요즘 아범 회사에 무슨 일이 생겼니? 왜 그렇게 술에 취해 밤늦게 들어오곤 하니?" 며늘아기는 "회사가 좀 어려운가 봐요. 그냥 모른 체하세요." 하고 자리를 떴다. 그래도 아내와 나는 모른 체할 수가 없었다. 며늘아기는 직장에 잘 다니고 있지만 아들은 좀 다르다. IMF로 실업자가 되었다가 겨우 다시 회사에 들어가 이제 과장이 되고 마음을 놓는가 했다. 그런데 또 회사가 어렵다니 그때가 생각나며 가슴이 내려앉았다.

아들내외가 직장을 다니다 보니 집안 살림은 아내가 도맡아서 한다. 밥하고 청소하고 빨래하고 거기다가 초등학교 2학년짜리 손녀까지 돌봐야 하니 여간 힘든 게 아니다. 그래도 아내는 근력이 있을 때까지는 자식들이 잘살 수 있게 도와야 한다며 힘든 것도 참고 견딘다. 그렇다고 참기만 하는 것은 아니다. 더러는 속상해하고 몹시 화낼 때도 있다. 그럴 때마다 나는 자식들이 직장에 나가 충실하려면 집안이 편안해야 된다는 생각에 아내를 달래며 다독거린다.

그러던 어느 날 아들이 일찍 집에 들어온다는 전화가 왔다. 여전히 불안하기만 했다. 아내가 시장에 나가 아들이 좋아하는 반찬거리를 장만하고 오랜만에 가족이 모여 같이 저녁식사 할 준비를 했다.

얼마 뒤 아들과 며늘아기가 함께 귀가했다. 손녀가 껑충껑충 뛰며 엄마아빠에게 매달려 좋아했다. 아들은 그런 손녀를 안아 올리며 오랜만에 너털웃음을 터트렸다. 그런 모습을 보니 마음이 흐뭇하고 편안했다. 며늘아기가 "어머니! 이제 아무 걱정 마세요. 세미 아빠 회사일이 좋게 해결되었대요." 했다. "오, 그래." 하며 그제야 아내와 나는 무거운 가슴을 쓸어내렸다.

🍂 가족의 사랑은 절망의 예방약이며, 삶에 대한 믿음을 놓지 않게 해 주는 예방주사다. (에드워드 할로웰)

# 죽음을 이기는 신념

편집부

해군 장교였던 한 사나이가 암에 걸려 군대를 떠나게 되었다. 그는 네 번이나 암 수술을 받았지만 의사는 최후 통첩을 했다. "당신은 앞으로 보름밖에 살 수 없습니다." 그는 마지막 남은 보름이라는 값진 시간을 결코 헛되이 보내고 싶지 않았다. 그러고는 지난날을 되돌아보니 군인으로서 최선을 다했던 그때만큼 열정적으로 살았던 적이 없다는 것을 깨달았다. 그는 곧 국회와 백악관으로 달려가 다시 현역 군인으로 복무하게 해 달라고 청원했다. 대통령은 그가 다시 해군 장교로 복무하는 데 동의했다.

그는 군대에 복귀하자 예전보다 더 의욕적으로 일에 몰두했고, 몸을 아껴도 얼마 살지 못할 거라고 생각해 사병의 일까지 자진해서 맡아 해냈다. 그렇게 보름이 지났다. 하지만 그는 죽지 않았다. 한 달이 지나도 그는 죽지 않았다. 그는 늘 '숨이 붙어 있는 한 내가 맡은 일을 완수한다.'고 다짐하며 동료나 부하의 만류를 뿌리치고 임무에 매진했다. 3년이 지나도 그는 무사했다. 오히려 암의 증세가 점점 사라지고 있었다. 의사와 주변 사람들은 모두 놀라움을 금치 못하며 기적이라고 입을 모았다.

이 장교는 바로 무적함대로 세계에 용맹을 떨친 미 해군 제7함대 사령관 로젠버그다. 만일 로젠버그가 보름밖에 살 수 없다는 선고를 받았을 때 좌절했다면 그런 결과를 낳을 수 있었을까. 죽음마저도 물리친 로젠버그의 비결은 특효약이나 기적이 아니었다. 다름 아닌 신념의 힘이 그런 위대한 결과를 가져온 것이다. 이처럼 한 인간의 신념은 죽음보다도 강하며 자신의 운명을 바꿔 놓기도 한다.

오늘의 생각

..............................

..............................

..............................

..............................

..............................

..............................

..............................

..............................

..............................

..............................

..............................

## 즐거운 일에 대한 기대

미국 여성의 사망률을 조사한 결과 추수감사절 전 일주일 동안 사망률은 평균보다 35.1%가 낮았고 추수감사절 이후 일주일 동안 사망률은 평균보다 34.6%가 높았다. 추수감사절 대신 생일을 대입해도 비슷한 결과가 나왔다. 즐거운 일에 대한 기대가 죽음을 연장시키는 의지력을 발휘한 것이다.

# 6

## 외할머니와 된장국

박은석 님 / 대중음악 평론가

나는 된장국을 유난히 좋아한다. 일반적인 배춧국은 말할 게 아니다. 미역, 감자, 무, 호박 등 재료에 관계 없이 된장을 넣어 끓이고, 오이냉국에도 된장을 풀어 넣어 먹는다. 그렇다고 타고난 입맛이 '된장' 인 건 아니다. 불고기보다 스테이크를 좋아하고, 해외라도 나갔다 하면 "여행의 반은 먹는 재미"라는 일념으로 온갖 생소한 음식들을 하나라도 더 맛보기 위해 동분서주하는 타입이니까. 된장국은 내게 취향 이상의 무엇이다.

외할머니는 맛있는 된장을 만드는 데 일가견이 있는 분이셨다. 부모님의 사업 관계로 기억도 나지 않는 어린 시절부터 외할머니와 보내는 시간이 많았던 나는 자연스럽게 외할머니의 된장 맛에 중독되었다. 그 때문이었을 것이다. 4년 전 이맘때쯤, 외할머니의 부음을 전해 듣고 고향으로 향하던 여정 내내 된장국 냄새가 그리웠던 것은.

장례식장에서 어머니와 머리 크고 처음으로 속 깊은 대화를 나눴다. 어머니는 내가 그 몇 년 전 보내 드렸던 부부동반 해외여행 얘기를 꺼내셨다. 그때 외할머니가 함께 갈 수 있도록 해 줘서 고맙다고 하셨다. 당신이 외할머니를 여행 보내 드린 일은 많았지만 함께하신 건 그때가 처음이자 마지막이었기 때문이다. 쑥스러운 마음에 된장 얘기로 화제를 돌렸다. 외할머니의 된장이 최고였다고. 그러자 어머니는 "올해는 된장이 잘되지 않았다."고 하셨다. 외할머니의 와병에 처음으로 혼자 된장을 담그셨기 때문이라고 하셨다. 그리고 외할머니의 된장이 '맛있을 수밖에 없었던' 이유를 말씀해 주셨다.

전쟁 통에 혼자 된 몸으로 다섯 남매를 키우셔야 했던 외할머니는 당시 보통사람들의 생활이 다 그랬듯, 빈궁한 삶에 밥상 차리는 일로 언제나 고민해야 하셨다. 그 고민 속에서 나온 대안이 된장이었다. 빈곤한 찬에도 불구하고 끼니를 버티게 하는 소중한 양식. 그래서 된장 담그기는 한 해의 삶에 커다란 영향을 미치는 제의 같은 것이었고, 메주를 다루는 손길에는 온갖 정성이 담길 수밖에 없었다는 것이다. 그러면서 어머니는 앞으로도 그런 정성으로 된장을 담글 수 있을 지 걱정하셨다. 다행히 이듬해부터 된장 맛은 좋아졌고 나는 예전보다 자주 된장국을 끓이게 됐다. 이맘때면 더 그렇다.

정성과 마음을 다하는 태도는 영혼과 관계가 있다. (톨스토이)

# 그리움이 머물던 터미널

김형수 님 / 경북 청송군 부일리

초등학교에 다니던 시절 비 내리는 날이
면 읍내에 있는 버스 터미널로 가서 막연한
그리움에 젖어 들었습니다. 집 나간 어머니
와 돌아가신 아버지….

친척집에서 더부살이하며 또 다른 세상으로
탈출을 꿈꾸던 나는 어느 날 무작정 가출을 했습
니다. 그러나 세상 물정 모르는 열한 살 소년이 갈 만
한 곳은 없었지요. 밤이슬을 피하기 위해 다리 밑에
웅크린 채 눈물을 흘리고, 주린 배를 채우기 위해 시
장을 기웃거려야 했습니다. 그런데 비가 내리면 나도
모르게 발길이 버스 터미널로 향했지요.

오늘의 생각

그곳에서 비가 멈출 때까지 머무르며 멍한 시선으
로 오가는 사람들과 파란 지붕의 버스를 바라보았습
니다. 색색의 우산이 알록달록 물들인 거리와 빗줄기
가 먼지를 씻어 낸 세상 풍경은 산뜻했습니다. 그렇
지만 내가 버스 터미널에서 보고자 했던 것은 그런
풍경이 아니었습니다.

...........................................

...........................................

...........................................

...........................................

...........................................

...........................................

...........................................

어느 날 갑자기 나를 찾아와 한스런 눈물을 훔치며
따뜻하게 안아 줄 것 같은 어머니, 정겨운 목소리로
날 부를 것 같은 어머니. 터미널은 그 막연한 기다림
과 그리움이 머무는 장소였고 외로운 내 맘을 달래
주는 곳이었습니다.

## '부질없다'의 유래

옛날 대장간에서는 연장을 만
들 때, 쇠를 불에 달구었다가
물에 담갔다 하기를 여러 번 했
다. 횟수가 많을수록 단단한 쇠
가 만들어지기 때문이다. 그러
나 불질을 하지 않은 쇠는 물렁
하고 금세 휘어지기 때문에 쓸
모가 없었다. '불질이 없었다'
에서 변형된 '부질없다'는 쓸
데없다는 의미로 쓰이게 됐다.

그 이듬해 여름, 기적이 일어났습니다. 비가 엄청
내리던 날, 나는 버스를 타고 먼 길 오신 어머니를 부
여잡고 그곳에서 빗물 같은 눈물을 쏟아 냈지요.

얼마 전 그런 어머니를 하늘로 보냈습니다. 내 마
음에 내리는 비를 맞으며 어린 시절 어머니를 기다리
던 그 버스 터미널을 추억합니다.

# 7
**수요일**

# 왕의 권위, 내탕고
최기영 기자

1762년, 태양마저 그 빛을 감출 사건이 벌어졌다. 아버지 영조의 명으로 28세 젊은 사도세자가 뒤주에 갇혀 굶어 죽은 것이다. 영조 다음으로 왕위에 오른 정조의 첫 교지(敎旨)는 "과인은 사도세자의 아들이다." 였다.

그렇게 가슴에 담았던 아버지에 대한 그리움을 쏟아 낸 정조는 효심만큼이나 백성을 사랑한 임금이었다. 그는 사도세자를 기리는 모든 일에 백성의 세금인 국고를 손대지 않았다. 철저하게 왕의 개인 재산인 내탕고(內帑庫)를 사용했다. 아버지의 초라한 무덤을 화성으로 이장해 현륭원을 조성하고, 그 자리에 살던 백성들이 정착할 새집을 지어 주는 데도 내탕고를 썼다. 또한 흉년이 들 때면 내탕고를 풀어 주린 백성들을 구제했다.

조선의 임금 중 정조는 내탕고를 가장 긍정적으로 사용했다. 그런데 왜 왕은 개인 재산을 따로 가지고 있었을까? 조선을 건국한 태조 이성계는 함경도 땅의 3분의 1을 소유하고 있었으며 거느리던 노비까지 합하면 재산이 어마어마했다. 이성계는 그 재산을 국고로 돌리지 않고 왕실 재산으로 상속시켰다. 그리고 고위 신하도 모르게 자신의 수족과 다름없는 환관들에게 재산을 관리하도록 했는데 이것이 훗날 내수사(內需司)가 되었다.

내탕고는 '밝음' 과 '어두움' 을 동시에 가지고 있었다. 내수사가 전국에 있는 왕의 토지와 노비를 관리하며 재산을 불리는 과정에 폐단이 생긴 것이다. 왕이라는 배경을 이용해 내수사는 왕의 토지에서 나오는 곡식으로 이자놀이를 했고, 국가만이 운영할 수 있는 염전의 운영권을 이용해 막대한 이윤을 남겼다. 그러다 보니 신하들은 끊임없이 내탕고를 국고로 돌리라는 의견을 내놓았다. 하지만 왕도 사람인지라 총애하는 신하에게 선물을 하거나 왕자와 공주에게 용돈을 주고 싶을 때가 있는 법. 무엇보다 왕실의 권위를 유지하기 위해 어떤 임금도 내탕고를 없애지 않다가 마지막 임금인 고종에 이르러서야 겨우 내수사가 폐지되었다.

그러나 자연재해로 고통받는 백성을 구제하고, 이덕무와 같이 가난한 학자의 유고집을 편찬하고, 구한말에는 학교를 설립하고 독립운동 자금으로 쓰인 것이 내탕고였다. 절대 권력을 가졌던 조선의 왕도 백성을 위해서라면 개인 재산을 아끼지 않았다. 오늘날의 리더들도 되새겨 보아야 할 모습이 아닐까.

🐚 사람이 돈을 다루지 못하면 돈이 사람을 다루게 될 것이다.

# 부부애

정재도 님 / 경기도 고양시 성석동

지난봄, 모처럼 온 식구가 온천장에 갔다. 남탕과 여탕으로 나뉘어 각자 들어가기 전, 정확히 몇 시에 대기실에서 다시 모이기로 약속했다. 얼마 뒤 나는 형과 매형 그리고 아버지와 약속 시간에 맞춰 밖으로 나왔다. 그런데 여자들이 나타나지 않았다. 대기실에는 사람이 많아 우리가 앉을 자리조차 없었다.

약속 시간을 넘긴 지 오래, 슬슬 짜증이 날 때쯤 형수와 누나 그리고 아이들이 보였다. 어머니는 어디 가셨냐고 묻자, 형수가 대답하기를 어머니는 좀 더 탕에 있다 나오겠다고 말씀하셨단다. 시간이 갈수록 식구들은 기다림에 지쳐 짜증 섞인 표정을 지었다. 나 역시 그랬다. 그런데 아버지는 오히려 섭섭한 듯 작은 목소리로 혼잣말을 하셨다.

"몸도 약한데 뜨거운 탕에서 오래 있다 쓰러지면 어쩌려고. 옆에 같이 좀 있다 나오지. 어찌 어머니 혼자 남겨 두고 나왔을꼬."

그 말씀을 듣고 늦게 나오시는 어머니를 원망한 내 자신이 얼마나 부끄럽던지. 어머니께 무슨 일이라도 생길까 봐 걱정하는 아버지를 보며 평소 무뚝뚝하게 행동하셨지만 누구보다 더 어머니를 생각하신다는 것을 알았다.

한참이 지나 목욕탕 온기에 얼굴이 발갛게 상기된 어머니가 나오셨다. 식구들은 기다리는 거 뻔히 알면서 이제야 나오시냐는 불만을 토로했다. 그때 난 보았다. 안도하는 아버지의 미소를. 나란히 걸어가시는 부모님의 뒷모습을 흐뭇하게 바라보았다. 나도 언젠가는 우리 부모님을 닮은 잔잔한 호수 같은 사랑을 하고 싶다.

오늘의 생각

.................................................

.................................................

.................................................

.................................................

.................................................

.................................................

.................................................

.................................................

.................................................

.................................................

.................................................

## 부부 같은 하모니

인간의 목소리와 가장 가까운 악기라 평가받는 첼로. 외부의 곡선 하나에도 음향 원리가 반영되어 있는 바이올린. 첼로와 바이올린은 관현악에서 저음역과 중간음역일 때 동질의 음향을 무리 없이 표현해 내는 파트너이다. 그래서 바이올린은 '아내의 소리'로, 첼로는 '남편의 소리'로 비유된다.

41

# 8 사람이 사람을 안다는 것

목요일

양학용 님 / 《오마이뉴스》 시민 기자

한 해의 마지막 날이었다. 당시 아내와 나는 밴쿠버에서 3개월째 머물고 있었다. 길거리영어도 좀 다듬어 볼 겸, 장기여행으로 얇아진 여행경비도 보충할 겸, 학원과 식당을 부지런히 오가던 때였다. 그날은 일하러 가기 싫어서 내내 미적거리다가 겨우 집을 나섰다. 거리에는 비까지 부슬부슬 내리고 있었다. 멍하니 서서 지나가는 사람들을 쳐다보니 저마다 들뜬 표정으로 부지런히 집으로, 클럽으로 향하고 있었다. '하필 오늘 같은 날에…' 주방에서 양고기와 닭고기, 설거지거리와 씨름할 생각을 하니 한숨이 다 나왔다. 왠지 이 도시에서 나 혼자만 이방인으로 남은 것처럼 늘 다니던 거리까지도 낯설게 다가왔다.

식당은 평소보다 몇 배나 바빴다. 밤 10시가 넘어서야 겨우 한숨을 돌리고 잠깐 쉬었다. 그때 주방장 로자리아가 와인을 흔들며 불렀다. "헤이 친구들, 이리로 오라고! 우리끼리라도 마지막 날을 기념해야지!" 아프가니스탄에서 이민 온 로자리아와 이란에서 망명한 권투 선수 하미드, 한국에서 여행 온 나그네까지 피부색이 다른 세 사람이 함께 잔을 들었다. "우리들의 쓸쓸한 밤을 위하여!" 그나마 다행이었다. 이방인이 나 혼자만은 아닌 모양이니까.

청소를 마치고 식당을 나서자 십 분 전 자정이었다. 텅 빈 정류장에서 버스를 기다렸다. 자정이 지났다. 멀리서 새해를 알리는 축포 소리가 들리는 것도 같았다. 태백산이나 지리산에서 새해를 맞았던 기억이 아득하게 밀려왔다. 그때였다. 어둠 속에서 버스가 달려와 내 앞에 섰다. 패스를 꺼내려고 가방을 뒤적이는데, "헤이, 난 너를 알아! 매일 이 시간에 타잖아! 그냥 들어와도 돼!" 운전사가 고갯짓하며 들어오라 했다. 순간 눈물을 쏟을 뻔했다. 나를 안다니! 아마 그가 아는 건 양고기 냄새를 팍팍 풍기며 녹초가 된 얼굴로 자정 즈음에 버스를 타는 동양인이 전부일 것이다. 그런데도 그는 나를 안다고 했다. 그런 그가 나를 싣고 다리 건너편 도시의 불빛 속으로 달려갔다. 이방인에게 하루 종일 낯설게만 굴었던 도시의 불빛이 그제야 따뜻함을 주고 있었다. '하긴! 사람이 사람을 아는 일에 뭐가 더 필요할까!' 버스에서 내리면서 나도 그에게 인사했다. "나도 당신을 알아요!" 그리고 빙긋 웃는 그에게 손을 흔들며 소리쳤다. "Happy New Year!"

여행은 자기 자신에게로 떠나는 것이며, 또한 그 여행은 많은 타인들을 통과하며 이루어진다.
《사막별 여행자》, 무사 앗사리드)

# 비판에 임하는 자세

편집부

19세기 노르웨이의 바이올리니스트로 명성이 자자했던 올레 불. 어린 시절 그의 아버지는 아들이 성직자가 되기를 바랐고, 올레가 바이올린을 켜기라도 하면 악기를 바닥에 내동댕이치기까지 했다. 그런 아버지 때문에 올레는 바이올린을 제대로 배울 수 없었다. 그러다 대학에 들어가자 그는 낮에는 작곡을 하며 학비를 벌고, 밤에는 창가에 서서 달빛을 군중 삼아 바이올린을 켰다.

그러던 어느 날 길을 가던 한 음악 평론가가 우연히 올레의 연주를 듣고 극찬을 아끼지 않았다. 그로 인해 올레는 무대에 서게 됐고, 점차 바이올리니스트로서 빛을 발하기 시작했다. 그런데 하루는 신문을 읽던 그의 눈에 혹평 기사가 들어왔다. "올레는 훈련되지 않은 음악가이다. 그는 거친 다이아몬드에 불과하다."

그간 칭찬만 들었던 올레는 뒤통수를 얻어맞은 듯한 충격을 받았지만 이내 자신의 연주에 어떤 문제가 있는지 알고 싶어졌다. 올레는 신문사를 찾아가 혹평 기사를 쓴 기자에게 자신의 문제가 무엇인지 물었고, 기자의 답변을 귀담아 들었다. 그날 이후 올레는 모든 콘서트 일정을 취소한 뒤 유능한 바이올린 선생님을 모시고 부족했던 부분을 보완하기 위해 피나는 훈련을 했다.

6개월 뒤 그가 마침내 콘서트를 했을 때 관중들은 한층 성숙해진 올레의 연주에 기립박수를 보냈다. 비판에 동요된 나머지 절망에 빠져 극복할 노력을 하지 않는다면, 그것은 완성의 길에서 벗어나는 길임을 올레는 알고 있었던 것이다.

오늘의 생각

........................................

........................................

........................................

........................................

........................................

........................................

푸하하하

산신령이 세 제자에게 하산하기 전 소원 한 가지를 말해 보라고 했다. 한 제자가 "저는 스타가 되고 싶습니다." 하여 스타가 됐다. 또 다른 제자는 "킹(왕)이 되어 나라를 다스리고 싶습니다." 하여 그도 킹이 됐다. 욕심 많은 마지막 제자가 "둘 다 되고 싶습니다." 하고 말하자 스타킹이 되었다.

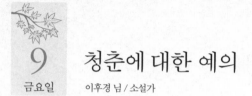

# 청춘에 대한 예의

**9**
금요일

이후경 님 / 소설가

청춘을 생각하면 나는 늘 13평 아파트 좁은 베란다의 식탁에 앉아 누런 원고지 위에 한 자 한 자 글자를 써 넣던 내 모습이 떠오른다. 내 나이 스물여섯, 남보다 일찍 결혼하여 막 둘째를 낳았을 때였고, 마침 여고 강사 자리가 생겨 산후 2주 만에 출근하고 있을 때였다. 격일로 출근해 내리닫이로 7시간의 수업을 치르고 나면 세상이 휙휙 눈앞에서 돌았다. 그러고도 집에 가면 어린 두 아이가 기다리고 있었다. 나는 잠시도 쉴 틈 없이 아이를 돌보며 밀린 집안일을 해야 했다. 아이들은 서로를 깨워 가며 자정이 넘어서야 간신히 잠들었다.

그제야 잠시 눈을 붙였다가 갓난 것의 칭얼거림에 깨어 우유를 먹여 아이를 재우고 나면 훌쩍 새벽 4시를 넘어섰다. 관 뚜껑을 밀듯이 일으킨 몸이었건만 차마 다시 잠들 수가 없었다. 홀로 있는 그 시간이 흐르는 피처럼 아까웠다. 검은 입을 벌리고 나를 빨아들이려 덤비는 삶의 허무감이 아늑한 잠자리의 유혹보다 강했다. 그렇기에 겨우 뚜껑을 열고 나온 관 속으로 또다시 들어갈 수는 없었다.

나는 진하게 탄 커피 한 잔을 들고, 두꺼운 숄을 두른 채, 베란다에 놓인 식탁으로 나갔다. 그곳에 앉아 누런 원고지를 펼쳤다. 무엇을 쓰겠다는 작정도 없었다. 그냥 전날 쓴 것까지를 읽고 그 다음에 떠오른 것을 써 나갈 뿐이었다. 감히 완성을 꿈꾸지도 않았다. 나는 그저 숨을 쉬기 위해서라도 그 세계로 도망쳐야 했다. 펜대에 펜촉을 낀 옛날식 펜으로 검은 잉크를 꼭꼭 찍어 원고지를 채워 나갔다. 한숨을 쉬며, 무엇인가를 끼적거리다 보면 어느새 동이 터 왔다. 그제야 겨우 글줄이 풀려 무언가 막 쏟아져 나올 것 같았지만 나는 또 하루의 일상을 위해 원고지를 덮어야 했다.

베란다 문을 닫고 방 안으로 들어오면 곤히 잠들어 있는 아이와 남편의 평온한 모습이 보였다. 그 모습 앞에 나는 미안함을 느꼈다. 그랬다. 그것은 그 어떤 외도보다도 강렬한 배신이었다. 나는 잠시였지만 그들을 완전히 버렸다. 그러나 돌이켜 생각해 보면 내 나이 스물여섯, 그것은 그 청춘의 존엄성을 지켜 내기 위해 내가 해낼 수 있었던 유일한 일이 아니었을까. 그렇게 하여 나는 간신히 내 청춘에 대한 예의를 지킬 수 있었던 것이다.

청춘이란 깊은 샘물에서 오는 신선한 정신, 유약함을 물리치는 용기, 안위를 뿌리치는 모험을 말한다.
(사무엘 울만)

44

# 값진 아픔, 값진 목표

김혜임 님 / 경기도 이천시 증포동

중3 여름, 나는 효도 관광에 나선 외할머니를 따라 처음으로 중국에 다녀왔다. 그 뒤 학원을 다니며 중국어 공부를 시작했고 그 모습을 본 부모님은 신중히 중국 유학을 고려하셨다. 그러나 그때쯤 아버지가 하던 사업을 정리하면서 우리는 작은 전세방으로 이사 온 상태였다.

다행히 그해 겨울 중국 천진에 사는 사촌 언니 집에 머물며, 다닐 만한 학교를 알아보았지만 사전 지식이 부족했던 탓에 비자부터 학교문제까지 쉬이 풀리는 게 없었다. 나는 결국 일 년 반 동안 학교는커녕 학원도 다니지 않은 채 여기저기 놀러만 다녔다.

불안해진 나는 사스가 유행일 때 그것을 명분 삼아 한국으로 돌아왔다. 그러나 우리 집은 시골로 이사한 뒤였다. 그동안 어머니는 이층 집 노부부의 밥을 해 주며 받는 20만 원으로 근근이 살림을 이어 왔고 아버지가 번 돈은 중국에서 노는 철없는 딸에게 고스란히 보내졌던 것이다.

한번은 아버지가 밭에 심은 고구마를 수확하기 위해 친척들과 함께 근처 양계장에서 일하는 중국 교포 세 명을 데리고 왔다. 아버지는 자신 있게 사람들 앞에 나를 세웠다. 하지만 놀기만 한 내 중국어 실력으로 대화가 될 턱이 없었다. 아버지는 종일 말없이 일만 하셨고 친척들이 돌아간 뒤 나는 한참을 울었다. 내 자신이 너무도 초라해 보였기 때문이다.

그 일이 있은 뒤 나는 부모님께 집도 찾아 드리고, 내 힘으로 다시 중국에 가겠다는 굳은 목표를 세웠다. 열심히 땀 흘려 적금도 붓고, 중국어 공부도 하며 오늘도 희망찬 미래를 꿈꿔 본다.

오늘의 생각

......................

......................

......................

......................

......................

......................

......................

......................

......................

......................

귤껍질,
암 세포 잡는다

귤껍질 속에 있는 살베스트롤 Q40 성분이 암세포의 어떤 효소와 만나면 독소로 변해 암세포를 죽일 수 있다는 연구 결과가 나왔다. 이 성분은 식물이 해충이나 곰팡이 등 외부 침입 물질을 막기 위한 것으로 알맹이보다 껍질에 더 많으며, 정상세포보다 암세포를 만났을 때 20배 가량 강한 독성을 낸다.

막역지우

# 10
토요일

# 행복한 푼수 2총사
최윤희 님 / 행복 디자이너

막역지우에 대한 글을 써 달라는 청탁을 받았다. 나는 기자에게 물었다. "꼭 한 명만 써야 하나요? 난 친구가 많은데!" "지면이 좁은데요." 나는 갑자기 불행해졌다. 도대체 누구를 버리고 누구를 간택해야 한단 말인가? 내 가슴 첨부파일 속에 있는 친구들이 난리법석을 떨었다. '한 명이라면 바로 나 아냐?' '아냐, 나야!' 그 순간 웃음이 배시시 피어올랐다. 생각만 해도 웃음이 피어나는 친구.

몇 년 전 방송국 화장실에 들어갔다. 청소하는 아주머니가 나를 보더니 손목을 덥석 잡았다. "아휴, 선생님, 사인해 주세요. 선생님 덕분에 행복하게 살아요." 몸을 배배 꼬면서 사인을 해 주고 있는데 나를 물끄러미 바라보던 여성이 있었다. 그녀가 나에게 명함을 내밀었다. 출판사 '나무생각' 한순 주간. 나는 생전 처음 만나는 그녀에게 말했다. "나무 생각 같은 거 하면 뭘 해요? 남자 생각이나 많이 하세요. 하하하." 그러고 헤어졌다.

며칠 뒤 그녀에게서 메일이 왔다. 내가 쓴 책을 내고 싶다는 것이다. 그렇게 세상에 태어난 책이 《유쾌한 행복사전》이다. 얼마 전 이문세 씨가 방송 중 내 책에 나오는 글귀를 읽어 주며 냉장고에 붙여 두고 읽고 싶다고 말했다. 애청자들이 무슨 책이냐고 시끌시끌했다. 이런 행복을 준 그녀는 나에게 네 잎 클로버 같은 존재다.

책 때문에 만났지만 우리는 금세 친구가 되었다. 그동안 어떻게 만나지 않고 살아왔을까, 싶을 정도로 신기하게 죽이 잘 맞는다. 별 것도 아닌 일에 몸뚱이를 통째로 내던져서 낄낄 웃는 것도 똑같다. 사람을 판단할 때 오직 순수함 하나로 분류하는 것도 똑같다. 좋으면 앞 뒤 안 가리고 무작정 대책도 없이 와르르 무너져 버린다. 길게 말하면 똥 된장을 구분 못 하고 짧게 말하면 푼수다. 분수와 푼수는 얼핏 보면 닮았지만 사실은 정반대다. 사람이 분수를 모르면 안 되지만 푼수가 되면 마냥 행복하다. 행복한 푼수 2총사여, 언제나 지금처럼 낄낄깔깔!

🌰 같은 것을 같이 좋아하고, 같이 싫어하는 것은 우정의 끈을 더욱 단단하게 묶어 준다. (살루스트)

# 최고의 선물

이경애 님 / 부산시 기장군 교리

"행부야, 처음 만나가 맘대로 동까스 두 개 시키뿌
는 남자가 어딨노!" 나는 거의 울먹이며 바락 소리를
질렀다. "처제가 기분 나빴다면 그 녀석이 잘못했네.
그런데 정말 괜찮은 놈이거든. 한 번만 더 만나 봐."
형부의 청에 못 이겨 결국 그를 다시 만났다.

이번에는 그 사람이 어찌나 형부한테 교육을 잘 받
고 왔는지 가방을 품에 안고 있는 이상한 행동 말고
는 모든 것이 괜찮았다. 하지만 그러면 그렇지, 늦은
시간에 헤어지는데도 택시만 잡아 주고 돌아서려는
게 아닌가. 그러더니 가방에서 부스럭부스럭 뭔가를
꺼내 내밀었다. "어머니가 부쳐 주신 부침개인데요,
아직 따뜻해요, 집에 가서 드세요."

그날도 나는 형부에게 쏘아 댔다. "행부야, 늦은 시
간에 집까지 바래다 주지도 않고 완전 매너 꽝이데.
이기 머꼬!" 다시는 그 사람을 안 보겠다고 결심했는
데 어느 날 그 사람에게서 편지 한 통을 받았다.

"내가 첫눈에 반한 그녀를 소개합니다. 〈인간극
장〉을 좋아하는 그녀는 음식점에서는 메뉴판을 한
참 들여다보다 주문을 하고, 커피는 달게 마시는 걸
좋아하고, 늦은 시간에는 절대 혼자 보내서는 안 됩
니다. 이런 그녀를 계속 알아 가고 싶습니다."

그는 짧은 만남 중에 나와 했던 대화를 하나하나
기억하고 있었던 것이다. 피식 웃음이 나오면서 정말
순진한 사람이란 생각이 들었다. 결국 더 없이 착한
그 사람과 결혼식을 올렸다. 하루하루 느끼는 거지만
근사한 보석이나 멋진 데이트보다 식을까 봐 여러 장
비닐에 정성스레 싸 내내 안고 다녀 따뜻했던 부침개
가 내 생애 최고의 선물이 아니었나 싶다.

오늘의 생각

## 뉘앙스(Nuance)

소리, 감정, 언어 등의 미세한
차이를 말하는 뉘앙스는 본래
색조, 명암 등 표현상의 서로
다른 미세한 특색을 나타내는
미술용어다. 빨강색도 연한 색
에서 진한 색까지 미묘한 빛깔
의 변화를 볼 수 있듯이 이런
미세한 색채 차이를 뜻하던 것
이 어감의 미묘한 차이를 나타
내는 말로 확대됐다.

# 우리 곁에 있는 영웅들

윤재윤 님 / 판사

오랜만에 후배인 K 변호사를 만났다. 그는 요사이 재판 일보다 전부터 관여해 오던 자폐아 모임을 법인체로 만드느라 바쁘다고 했다. 지금 20대 중반이 된 그의 아들은 자폐아다. 그 부부가 아들에게 쏟는 정성은 대단하다. 가족의 생활 중심이 아들에게 맞춰져 있고, 촉망받는 법관이었던 그가 변호사 개업을 한 것도 아들 때문이었다. 지금은 아들 상태가 좋아져서 일도 하게 되었다고 말하는 그의 얼굴에 기쁨이 가득했다. 그의 주된 관심은 아들 문제를 벗어나 자폐아에 대한 사회적 처우를 개선하는 데 있는 것 같았다.

우리 주변에는 선천적인 장애를 가진 자녀를 둔 사람들이 의외로 많다. 그들은 자기 아이의 장애 사실을 알게 될 때 극심한 충격을 받는다. 아이에 관한 기쁨과 기대가 사라지고, 견딜 수 없는 슬픔과 두려움에 몸부림친다. 운명에 분노하거나 애써 장애 사실을 부인하기도 한다. 무엇보다 이 아이가 험한 세상을 어떻게 살아갈지 절망한다.

일본의 소설가 오에 겐자부로의 아들은 정신지체뿐 아니라 시각 장애, 간질 등 심각한 장애를 갖고 있었다. 오에 겐자부로 역시 격심한 고통을 겪은 뒤 이를 받아들이고, 정성을 다해 아들을 키우기 시작했다. 일상생활을 거의 아들과 함께했고 무엇보다도 그의 소설 주제가 완전히 바뀌었다. 장애를 중심으로 하여 인간성 문제를 다룬 소설만 썼고 이러한 작품으로 노벨문학상을 받았다. 그는 "이 사회와 세계, 이를 초월하는 세계에 대한 나의 생각은 모두 아들과 함께하는 삶에 기반을 두었으며 그의 삶을 통해 배웠다. 그의 존재는 내 의식의 밝은 면뿐 아니라 어둡고 깊은 곳까지 구석구석 밝혀 주었다."라고 고백했다. 아들의 장애가 없었다면 그의 감동적인 작품은 탄생할 수 없었을 것이다.

장애아의 부모 대부분도 동일한 체험을 하는 듯하다. 엄청난 충격에 절망하던 부모는 어느 순간 아이의 장애를 그대로 받아들이기로 결심한다. 아이를 기르면서 온갖 차별과 냉대 속에서 견디기 힘든 고통을 받지만, 그 과정에서 차츰 기쁨을 느끼고 깊은 내적 평안을 얻는다. "이런 아이를 다시 낳는다고 하더라도 기꺼이 받아들이겠다."라고 말하는 어머니도 보았다. 장애아 부모들의 수기를 엮은 책《초록색 자전거》에서 같은 뜻을 담은 구절을 읽었다.

그림 | 이철원

"신체의 장애는 심각했지만 아이의 영혼, 그 내면은 백 퍼센트 정상이었다. 아이는 말 한 마디 할 줄 몰랐지만 내 안에 웅크리고 있던 미숙한 자아를 열어 주었다. 슬픔은 아이의 존재 하나하나에 담긴 고유한 아름다움을 눈뜨게 하여 마침내 무조건적인 사랑을 품게 해 주었다. 내게는 아이를 변화시킬 수 있는 능력이 없었지만, 아이는 나를 완전히 바꾸어 놓았다."

사람은 각자 소명을 갖고 있다. 대개는 살면서 자기의 소명을 의식하지 못한다. 자신이나 가족에게 사고나 질병, 실패 등 견디기 힘든 일이 닥쳐서야 '왜 내가 이런 고통을 받아야 하나?' 라고 질문하게 된다. 이처럼 소명은 고통과 함께 삶의 의미를 묻는 방식으로 다가온다. 자신에게 정직한 사람이라면 누구나 자기 삶의 의미에 대한 회의와 두려움으로 잠 못 이루는 밤을 겪었을 것이다.

K 변호사나 오에 겐자부로를 비롯해 장애아를 가진 부모는 보통 사람들보다 훨씬 더 명백한 소명을 받았다. 극한의 고통에 직면하여 이를 회피하지 않고, 있는 힘을 다해 견뎌 내면서 삶의 의미를 찾은 사람들이다. 그들은 능력과 효율만이 절대적 가치인 이 세상에서 '그것이 진짜가 아니다.' 라고 외롭게 외치며 온몸으로 참된 가치를 증명한다. 그 결과 누구보다도 충만한 삶을 산다. 그래서인지 그들에게는 한 극점에 도달한 듯한 자유롭고 초월적인 분위기가 감돈다.

영웅은 자신의 소명, 즉 자신을 초월하는 가치에 온몸을 바치는 사람이다. 이러한 영웅들이 있기에 우리는 그들이 걸어간 길을 따르며 용기를 얻는다. 우리 곁에서 묵묵히 장애아를 기르는 부모들은 우리의 영웅들이다. 나는 그들의 평화스러운 얼굴에서 삶의 참다운 의미와 승리가 무엇인지 배운다.

서울고등법원 부장판사인 윤재윤 님은 1985년 우리나라에서 처음으로 비행청소년과 시민을 연결하여 보호하는 '소년자원보호자제도' 를 만들었으며《법원사》(대법원 발간) 편찬 책임을 맡았습니다.

## 더하면 시청 가능

장수정 님 / 경기도 부천시 송내1동

여섯 살짜리 아들은 TV 보는 걸 좋아하지만 엄마와 하루 30분만 시청하기로 약속해서 늘 마음 졸이면서 TV를 본답니다. 그러나 17개월 된 여동생 때문에 그것도 쉽지 않지요. 여동생은 오빠가 TV를 보건 말건 전원을 켰다 껐다 난리도 아니랍니다. "엄마! 유민이 땜에 TV를 볼 수가 없어요. 아유, 진짜…" 언제나 들려오는 아들의 푸념이지요. 그런데 어느 날은 아들이 "유민아! 빨리 와. 오빠랑 같이 TV 보자." 하는 게 아닙니까? 주방에서 일하다 말고 '왜 저러나' 귀를 기울여 봤지요. 아들 왈, "유민아! 우리 닌자토리 보자. 이거 일곱 살 이상만 볼 수 있는 거라고 나오거든. 너랑(2세) 오빠(6세)랑 나이 더하면 우리 여덟 살 되니까, 볼 수 있어. 재미있겠지! 하하, 넌 두 살 아기지만 오빠가 시청 지도해 줄게."라고 하지 뭡니까! 혼자 주방에서 한참을 웃었습니다.

그림 | 최은경

## 아빠, 엄마에게도 사 주세요

하지수 님 / 대구시 수성구 사월동

결혼한 지 5년, 33개월 된 아들을 키우는 엄마입니다. 잠시도 가만히 있지 못하고 부산스러운 아들과 매일 토닥거리며 지낸답니다. 그런데 요즘은 말을 잘하는 아들 덕에 웃는 일이 많아졌어요. 하루는 드라마에서 남자 주인공이 여자친구에게 꽃다발을 선물하는 장면이 나왔습니다. 남편과 나는 아무 생각 없이 보고 있는데, 아들 녀석이 "아빠, 엄마에게도 저런 거 사 줘." 하는 것이 아닙니까? 순간 가슴이 따뜻해졌지요. 세상의 어떤 아름다운 꽃다발을 받은 것보다 더 기쁘고 행복했답니다. 고집쟁이인 아들 녀석이지만 가끔 이런 말 한 마디로 행복을 안겨 주니 어떻게 사랑하지 않을 수 있겠어요. 아들 동엽 군! 지금처럼 밝고 건강하게 자라야 해!

## 아, 고소해~

문지희 님 / 경기도 수원시 권선동

이제 막 두 돌 된 조카는 직장생활을 하는 엄마 때문에 친할머니가 돌봐 주신답니다. 조카가 아직 대소변을 혼자서 가리지는 못하지만 똥이 마렵다고 하면 할머니가 변기통에 앉혀 주시나 봅니다. 그러던 어느 날 조카가 화장실에서 볼일을 보고 있는데 냄새가 좀 지독했나 봐요. "할머니, 내 똥 냄새 지독해!" "아냐, 우리 손녀 똥 냄새는 고소해." 그러자 조카가 깜짝 놀라며 "할머니, 내 똥 먹어 봤어?"라고 물은 겁니다. 할머니께서 엄청 웃으셨답니다. 지난 휴가 때 나도 같이 놀러 갔는데 조카가 화장실에서 엄마하고 이야기하는 게 들렸습니다. "엄마, 할머니가 내 똥 먹었지? 내 똥 고소하지?" 우리는 그 소리에 또 한바탕 웃을 수밖에 없었습니다.

천진난만한 아이가 바라본 세상 이야기를 엄마아빠, 할머니할아버지께서 A4 용지 반 장 분량으로 적어 편집실로 보내 주세요.

# 내 마음속의 바다

그림·글 / 문태곤 님

사람들은 누구나 마음속에 커다란 바다를 하나씩 품고 태어납니다. 그런데 나이가 들면서 바다의 존재를 희미하게 잊고 살아가죠. 삶에 대한 불평불만으로 자기도 모르게 마음속 푸른 바다를 조금씩 메워 가면서요. 그렇게 바다가 메워지고 나면 언제 바다가 있었냐는 듯 여유 없는 그냥 그런 날들을 살아가야 할지도 모릅니다.

"마음속 푸른 바다를 지켜 주세요."

**문태곤 님**은 《나는 소소한 일상에 탐닉한다》의 저자로 일상의 작은 행복들을 손바닥만 한 '포스트잇' 위에 그리는 토목 엔지니어입니다.

# 그리움이라는 짐승

문정희 님 / 시인

동숭동의 가을은 지금도 불가해한 박하 향내를 풍기고 있었습니다.

공연장과 카페와 어지러운 불빛이 누추한 젊음을 부르는 간판들 사이에서 안간힘을 쓰듯 '학림' 다방이 옛 자리를 지키고 있었지요. 며칠 전 정말 오랜만에 그곳에 갔습니다.

그리운 S.

삐걱거리는 목조 계단을 오르다가 나는 문득 지나온 기억의 한 계단을 밟아 버린 듯 아픈 신음을 쏟았지요. 고양이처럼 생생한 추억 하나가 내 가슴 깊이 살아 있음을 느꼈습니다. 그것은 그리움이라 부르는 아름다운 짐승이었습니다. 그 한 가운데 바로 당신이 숨쉬고 있는 것은 말할 것도 없습니다.

유난히 손가락이 길고 말이 없던 당신은 참 빛나고 수려했던 청년이었습니다. 그래서 나는 당신을 만날 때면 두 배로 멋을 냈고, 마구 건방지게 굴다가 속으로 울면서 집으로 돌아오곤 했습니다.

'학림'에 앉아 차를 마시며, 당신을 꼭 한 번만 다시 만나고 싶다고 생각했습니다. 정말 그랬습니다. 당신을 빼놓고는 나의 청춘을 떠올릴 수 없을 거라는 생각이 들었어요. 또한 그것이 사람의 생애에 얼마나 소중한 것인가를 새삼 확인했습니다.

그 가을밤을 아직 기억하시지요? 뜻밖에 일찍 당도한 추위로 몹시 스산한 밤이었지요. 우리는 '학림'에서 나와 곧 '알타미라'에 도착했습니다. 석벽의 한가운데 구멍을 뚫어 만든 술집으로 바로 부근에 있는 '석굴암'과 함께 인기를 끌던 이상한 술집이었지요. 당신은 아마도 '알타미라'를 더 좋아했던 것 같습니다.

그날 밤, 그 동굴은 참 아늑했고, 당신과 내가 차지한 벌집을 연상케 하는 작은 공간은 천장에 붙은 알전구가 너무 눈부신 것 말고는 원시적 밀도를 한껏 고조시키고 있었습니다.

책 속에 끼워 온 대학신문으로 갓을 만들어 알전구를 덮어씌우고 나니 흙냄새 고즈넉한 벌집은 문학과 실존을 말하기에 더없이 어울리는 곳이 되었지요.

당신은 그날 밤, 더더욱 말없이 술만 마셨어요. 그 불빛 속에 당신이 입은 스웨

터가 멋져 보였던 기억이 새롭습니다. 잘 마시지 못하는 술을 마신 탓에, 나는 그만 당신의 어깨에 살며시 머리를 기댔던 것 같습니다. 아니, 어쩌면 아니었는지도 모르겠군요. 그 시대에는 그 정도의 행동도 사뭇 용기가 필요했던 시대였고, 나는 도도한데다가 모범생 콤플렉스에 잔뜩 빠져 있던 처녀였으니까요. 그리고 당신은 나보다 나이도 학년도 하나 아래인 처지였으니까요. 하지만 나는 그 알타미라에서 나와 그날 밤 당신이 벌인 이상한 장면을 아직도 잊지 못합니다.

그림 | 오원의

낙엽이 지는 가로수가 무성히 늘어선 택시 정류장에 섰을 때였습니다. 갑자기 당신이 차가운 땅에 무릎을 꿇고 내 앞에 털썩 주저앉았습니다. 나는 너무 당황하여 당신의 어깨를 잡아끌었고, 동시에 어둠 속에서 반짝하고 빛나는 당신의 아름다운 눈물을 보고야 말았답니다.

그리운 S, 나는 지금도 알고 싶습니다. 왜 그런 일이 일어났지요? 당신은 나를 좋아했던가요?

그렇다면 그 다음 날, 내가 당신을 뿌리치고 돌아간 것을 진심으로 사과하려고 전화를 걸었을 때, 당신은 왜 일본 친구들을 만나야 한다며 그토록 싸늘한 대답을 보내왔나요?

우리는 그렇게 서로 겉도는 얘기만 하다가, 영영 엇갈리고 말았습니다. 그 후 당신은 형 대신 가업을 이어 성공적인 CEO로 활동하고 있다는 소식을 들었습니다. 유력한 경제신문에 크게 실린 사진을 보기도 했습니다.

그리운 S.

그토록 관념어와 추상명사만 주고받다가 멀어져 간 우리의 가슴속에 있던 것이 무엇이었기에 이리도 오랜 세월 동안 잊지 못하고 때때로 그리운 짐승 한 마리가 우는 소리를 들어야 할까요.

이 가을엔 꼭 한 번 만나요. 알타미라는 벌써 없어졌지만요.

이곳에서는 달콤 쌉쌀한 옛사랑의 추억이 담긴 우리 시대 작가들의 '연애편지'를 좋은님들과 함께 열어 보겠습니다.

## 친절한 독촉

아, 아, 마이크 테스트 마이크 테스트, 주민 여러분께 알립니다. 에 오늘은 아파트 관리
비 마감 날입니다. 여러분들이 막바로 농협에 가가 내야 하지마는 바쁘신 양반들은 뭐
시 오늘 오전 중으로 여그 관리실에다가 갖다 주므는 지가 대신 내 줄라카이 일로다 갖
다 주시믄 고맙겠니더. 그리고 멫달이고 밀리가 돈이 늘어난 분들으는 다맨 을매라도
우선 갚아 주시믄 좋겠니더. 통째로 낼라꼬 미라두믄 마 자꾸 늘어가 낸중에는 감당도
몬하고 그기 마캐 다 빚이 되는 기라요. 그라이까네 다맨 을매라도 쪼매씩이라도 갖다
내이소. 그라믄 내가 퍼뜩 농협에 가가 대신 내줄끼요. 에, 에, 한성 아파트 주민 여러분
께 다시 한 번 알리니데이. 내가 오후에는 바빠가 여 읍스이 오전 중으로 꼭 쫌 갖다 주
시믄 고맙겠니더. 마캐 알아 들었능교?

<u>권선희</u>

11월 셋째 주

11 일

12 월

13 화

14 수 음10.5

15 목

16 금

17 토

# 11
일요일

# 막내아들만을 위한 밥상

신미식 님 / 사진 작가

나는 시골에서 11남매의 막내아들로 세상에 태어났다. 내 어머니는 마흔셋이라는 늦은 나이에 나를 낳으셨다. 초등학교 입학식 날 내 옆의 친구는 내 어머니를 보고 "야, 너희 할머니 오셨다."라면서 놀려 댔다. 그 뒤로 나는 어머니가 학교에 오시는 걸 싫어했다. 학교에서 부모님을 모셔 오라고 하면 갖가지 핑계를 대며 어머니가 학교에 찾아오시지 못하게 했다.

식구가 많아 내가 초등학교에 다닐 당시 우리 집엔 학생이 다섯 명이었다. 덕분에 어머니는 매일 도시락을 네 개 이상 준비했는데, 집안 형편이 넉넉지 못한 탓에 내가 학교에 가져갈 여분의 도시락은 없었다. 할 수 없이 나는 초등학교 6년 내내 점심시간이면 집에 달려가 점심을 먹고 다시 학교로 돌아가야 했다. 뜀박질로도 20분이 걸리는 거리였다.

학교에서 집까지 숨이 턱에 차도록 달려와 방문을 열면 방 안 중간에 곱게 상보를 덮은 밥상이 나를 기다리고 있었다. 반찬이라 봐야 김치와 새우젓, 밭에서 따온 오이 몇 개가 전부였지만 어머니가 정성스럽게 차려 놓으신 그 밥상이 나에겐 최고의 진수성찬이었다. 그 많은 식구가 아닌 나만을 위한 밥상이기에 더욱 소중했다. 밥을 게 눈 감추듯 먹어 치우고 나는 다시 힘차게 학교를 향해 뛰었다.

당시 하던 일을 놓고 집에 돌아와 막내아들을 위해 밥상을 차릴 때 어머니 마음이 어떠했을까. 막둥이에게 도시락을 준비해 주지 못한 그 마음은 얼마나 아프셨을까. 그 마음을 다 안다고 할 순 없지만 나도 중년의 나이가 되고 보니 조금은 어머니 심정이 와 닿는다. 막내의 뜀박질이 어머니에겐 안쓰러움이었을 것이다.

세상이 주는 호사를 한 번도 누려 보지 못하고 평생 11남매 입에 먹을 것을 준비해야 했던 어머니. 당신의 힘겨웠던 삶은 지금 생각해도 마음이 아프다. 어머니의 굽어 버린 등은 결국 자식들 안위를 위해 살아온 삶의 흔적이었다.

지금도 하늘나라에서 마흔을 훌쩍 넘긴 막내아들이 아직 혼자 살아가는 모습을 보며 얼마나 안쓰러워하실까? 금방이라도 하늘에서 내려와 쓸쓸한 내 방 안에 오래전처럼 따뜻한 밥상을 차려 놓고 맛있게 밥을 먹는 막둥이 모습을 지켜보실 것만 같다. 어릴 적에는 남에게 보이기 부끄러웠던 내 늙은 어머니가 정말 그립다.

지상에서 어머니와 함께한 날들은 누추하고 보잘것없는 삶에 내려진 가장 크고 값진 선물이었습니다.
《어머니와 함께한 900일간의 소풍》, 유현민)

# 17년 만의 외출

노경자 님 / 경기도 양평군 일신리

얼마 전 일입니다. 저녁상을 차려 놓고 남편을 찾으니 막내딸이 "아버지요? 후배 데려다 준다며 차를 몰고 나가셨어요."라고 말했습니다. 한참 뒤에야 집에 온 남편은 안타까운 이야기를 들려주었습니다.

잔디밭에서 운동을 하는데, 낯선 남자가 다가와 아무개 집이 어디냐고 물었답니다. 그런데 그 사람이 남편을 자세히 보더니 혹시 누구 형님 아니냐고 묻기에 이런저런 얘기를 하게 됐답니다. 알고 보니 그는 한동네에 살았던 후배였습니다. 교도소에서 17년간 형을 살다가 어제 출소했고, 무려 24km나 되는 먼 거리를 걸어서 물어물어 찾아온 것이었습니다.

그가 안쓰러웠던 남편은 그가 찾던 형네 집에 데려다 주겠다고 했습니다. 하지만 그는 이런 모습으로 형 집에 갈 수 없다면서 사양했지요. 그러고는 교도소 사람들이 오갈 데 없으면 보호소를 찾아가라고 했다면서 우선 그곳을 가겠다고 말했습니다.

차를 타고 보호소로 향하던 중에 남편은 그를 손두부 식당에 데리고 갔습니다. 그에게 방석에 앉으라 하니 그냥 바닥에 앉겠다면서 안절부절못했답니다. 가진 돈이 얼마 없다면서 미안해하고, 밥이 나오니 속이 안 좋다면서 제대로 먹지도 못하고 눈물만 뚝뚝 흘리더래요.

다시 그를 차에 태우고 보호소로 향하자 "저 경찰서 데리고 가는 거 아니죠?" 하며 무척 불안해하더랍니다. 휴대전화를 보고 삐삐냐고 묻기도 하고요. 오랜만의 외출이 그에게는 낯설었던 모양입니다.

그분이 꼭 다시 일어설 수 있기를 남편과 함께 기원해 봅니다.

오늘의 생각

## 11월 11일 '가래떡 데이'

농협은 상업적 기념일로 자리잡은 '빼빼로 데이'가 우리의 먹을거리를 소비하는 날로 정착될 수 있도록 '가래떡 데이'로 지정했다. 가래떡 데이는 추곡수매제 폐지 등으로 어려움에 처한 농민을 돕고 쌀 소비 확대와 젊은이들에게 전통 먹을거리에 대한 소중함을 일깨워 주기 위해 마련됐다.

# 12
**월요일**

# 여섯 개의 작은 점
박현경 님 / 소설가

지인으로부터 원고 교정을 부탁받았다. 원고를 대하는 동안 숙연한 생각들이 여러 번 나를 스쳐 갔다. 그것이 점자 교본 원고였기 때문이다. 시각 장애인들의 글자인 점자는 한 칸(Cell)에 가로 2점 세로 3점, 합해서 여섯 개의 점형(⠿)으로 이루어진다. 여섯 개의 점으로 만들 수 있는 글자는 얼마나 될까. 조합해 보면 64가지이지만 점을 하나도 찍지 않은 것은 빈칸(행간)으로 쓰니, 이 경우를 빼면 63가지의 점형을 만들 수 있다. 시각 장애인들이 만들어 써야 할 점자가 어디 한글뿐이랴. 각종 문장부호, 특수기호, 숫자, 로마숫자, 수학기호, 영어·일어 등의 외국 문자들…. 그들은 이 모든 것을 여섯 개의 돌출점, 63가지의 점형 안에서 만들어 써야 한다. 만약 고문(古文)을 배우는 학생이라면 자음, 모음, 받침글자는 물론 각자병서, 합용병서 등과 같이 복잡한 글자 또한.

생각이 여기에 이르자 한숨이 절로 나온다. 앞이 보이지 않는 것도 힘든데 점자를 배우는 일 또한 만만치 않은 것이다. 집필자는 앞을 볼 수 없는 교사이다. 엄청난 원고량에도 불구하고 얼마나 꼼꼼한지 실수 하나 허용하지 않았다. "중도실명자들이나 시각 장애인들의 가족, 자원 봉사자로부터 점자를 배우고 싶어도 마땅히 배울 데가 없다는 말을 들을 때마다 얼마나 안타까웠는지 모릅니다." 교재와 더불어 동영상 등을 제작하면 쉽게 점자를 배울 수 있을 거라는 희망과 신념은 그로 하여금 이 외롭고 고된 작업을 결코 포기하지 않게 만들었다.

잠깐 쉬려고 몸을 일으키다가 거울에 시선이 닿았다. 왠지 거울을 보는 것조차도 사치스럽게 느껴진다. 문득 오래전에 읽은 가와바타 야스나리의 《물의 달》한 구절이 떠오른다. "가장 내 것인 얼굴은 어쩌면 타인에게 보이기 위한 것인 듯하다."라는 구절. '그렇다면 얼굴이란 사랑의 본질과 닮은 것이 아닐까. 사랑이란 자기 안의 감정이지만 타인을 향해 쓰일 때 가장 본질적이지 않은가…' 라고.

칸칸이 점이 찍힌 원고를 다시 들여다본다. "일반인들이 시각 장애인들을 이해하는 데에 작으나마 어떤 역할이 되었으면 합니다." 교사의 간절한 희망 앞에 절로 고개가 숙여진다. 그는 보이는 세상과 보이지 않는 세상을 잇고 있다. 여섯 개의 작은 점처럼.

🐚 불행을 슬퍼하지 말고 불행을 출발점으로 삼아라. 불행을 이용하는 사람에게 그것은 때로 희망의 토대가 된다. (발자크)

# 비상등을 켜야 하는 이유

바람이 심하게 불던 날이었다. 포트 워싱턴에서 강연을 마치고 차를 몰고 오는데, 다리와 허리에 경련이 점점 심해졌다. 게다가 필라델피아 인근에서 가장 위험하기로 소문난 슈일킬 고속도로와 블루 루트를 타야 했으니 걱정이 이만저만 아니었다.

차는 휠체어에 앉아 생활하는 내가 운전할 수 있도록 특수 제작됐지만 경련이 일 때는 바깥 차선에 붙어서 제한 속도보다 훨씬 느리게 달린다. 그러면 뒤따라오는 운전자들이 짜증을 낸다. 상향등을 비추거나 내 차를 추월하며 경적을 울리기도 한다.

공포의 블루 루트가 가까워지면서 두려워지기 시작했다. 난폭한 운전자들을 또 얼마나 봐야 할지 겁이 났다. 그래서 나는 한 번도 하지 않았던 일을 시도했다. 깜빡깜빡 비상등을 켜고 악명 높은 고속도로를 시속 오십 킬로미터로 천천히 달렸다.

무슨 일이 일어났을까? 경적 소리도, 손가락질도 없었다! 왜 그랬을까? 나는 비상등을 켜서 "난 힘든 상태이지만 그래도 최선을 다하고 있다."고 알려 준 것이다. 그리고 운전자들이 내 신호를 이해한 것이다. 때로 우리는 용감하게 행동할 것을 요구받는 상황과 마주친다. 하지만 대개의 경우 강한 척, 용감한 척하지 않을 때 돌아오는 보상이 더 많다. 여리고 약한 사람이 자신의 비상등을 켜고 "제게 문제가 생겼어요. 하지만 최선을 다하고 있어요."라고 표현할 수 있을 때 이 세상을 살아가는 길이 훨씬 안전한 길이 될 거라고 나는 믿는다.

《샘에게 보내는 편지》, 대니얼 고틀립, 문학동네

오늘의 생각

......................................

......................................

......................................

......................................

......................................

......................................

## 슬로 시티 운동

이탈리아의 작은 도시 그레베인 키안티는 슬로 시티(Slow City)의 발신지다. 이곳엔 자판기도, 패스트푸드점도, 백화점도 없다. 주민들은 자전거를 타고 다니며 벽돌도 그 고장 흙으로 구워 만든다. 슬로 시티 운동은 10개국 93개 도시가 가입했고, 전남 완도·담양·장흥·신안군도 가입 신청을 했다.

# 13 꽃섬에 마실 가다

화요일

이대흠 님 / 시인

그 사람 이야기를 써야겠다. 그 사람을 떠올리니, 노란 참외 꽃이 떠오른다.

어느 여름 둘이서 깔(꼴) 베러 갔던 날, 탐진강 물이 잠방잠방 흐르던 날. 아이스 크림을 사 준다는 그의 아버지 약속을 믿고 우리는 들로 나갔다. "아이스께끼" 소리를 치던 빙과류 장수가 오길 기다리며, 그와 나는 깔 한 망태를 베어서 돌아오는 길이었다.

밭가에 아기 주먹만 한 참외가 열려 있었다. 시장에 나오는 참외보다는 훨씬 작았던 참외. 그러나 따 먹은 참외는 보통 참외보다 훨씬 달았다. 아이스께끼 장수가 마을에 오지 않았기 때문에 우리는 아이스크림 대신 백 원씩을 받았다. 턱수염이 길었던 그의 아버지, 나의 이숙으로부터.

초등학교 시절 방학이 되면 어딘가로 떠나고 싶었지만, 어머니는 허락하시지 않았다. 유일하게 방문이 허락된 집은 우리와 비슷할 정도로 가난하게 살고 있는 막내 이모네였다. 그는 그 이모의 막내아들이었다. 같은 학년이었던 우리는 우정이랄 것도 없이 친해졌다.

그 후, 그와 나는 같은 고등학교를 다녔다. 각종 문학 관련 상을 휩쓸었던 그는 처음부터 나를 기죽였다. 그와 함께 문학 모임을 했지만, 나는 얼치기에 불과했다. 수학여행을 다녀온 후, 국어 선생이 좋은 글이라며 수업 시간마다 읽어 준 글이 있었다. 그의 글이었다. 수학여행의 여정을 가랑잎 배를 타고 다닌 것으로 표현한, 그 은유가 나를 절망하게 했다.

한때 나는 '시를 포기해야겠다.'고 생각한 적이 있었다. 그때 나를 다잡은 이도 그였다. 그는 내게 "무슨 일이든지 십 년은 해 보아야 하지 않느냐?"고 했다. 그 십 년이 내 발목을 잡았고, 나는 글쟁이가 되었다.

그리고 그는 지금까지 변함없이 내 곁에 있다. 내가 가장 힘들어할 때 실질적인 도움을 주기도 했고, 가장 신뢰가 가는 인생 상담원이기도 한 그 이름, 유병두. 사촌이며 벗인 그가 없었다면, 이만큼의 나도 없었을 것이다. 그를 떠올리면 노란 참외 꽃이 떠오른다. 내 생의 꽃섬인 그. 나는 또 꽃섬에 가야겠다.

\*이 글 제목은 그가 운영하는 카페 이름인데, 내게는 그가 꽃섬이기에 글의 제목으로 빌렸다.

가장 아름다운 만남은 손수건 같은 만남이다. 힘이 들 때 땀을 닦아 주고, 슬플 때는 눈물을 닦아 주니까. 《처음으로 돌아가라》, 정채봉)

# 버스 안에서

오향옥 님 / 서울 강서구 공항동

장대비가 쏟아지는 오후, 딸아이와 장을 본 뒤 버스에 올랐다. 우산에 비닐봉지 몇 개까지 주렁주렁 들고 있어서 미처 딸아이를 챙기지 못했다. 버스 기사 아저씨가 안됐던지 팔을 뻗어 딸아이를 잡아 주고서는 "요금 천천히 내고 우선 앉으세요."라며 기다렸다가 출발하셨다. 보기 드물게 친절하신 기사 아저씨를 만나니 문득 내 어린 시절이 생각났다.

다섯 살 때던가. 엄마한테 혼이 나 울면서 "나 아빠한테 갈 거야!" 하고 소리쳤다. 화가 난 엄마도 아빠한테 가라고 차비를 주며 나를 내쫓았다. 길 건너 정류장에서 아빠가 버스를 타고 출근하던 것이 기억나 엉엉 울며 무작정 오는 버스를 잡아탔다. 물론 아빠 회사가 어딘지도 모른 채. 눈물범벅된 어린 꼬마를 보며 쏟아지던 놀란 시선들…. 앞좌석에 앉아 있던 한 아주머니가 두 팔을 벌려 "어머나, 아가 이리 온~" 하고 부르셨고 자초지종을 물으시는 아주머니께 더듬더듬 아빠를 찾아간다고 했다. 그때 기사 아저씨가 버스를 멈추고 말했다.

"여러분 괜찮으시면 버스 돌려도 되겠어요? 아이 엄마가 찾을 텐데."

승객 모두 괜찮다고 하자 기사 아저씨는 내가 탔던 곳으로 돌아가셨다. 아주머니 손을 잡고 내리니 새파랗게 질린 엄마의 모습이 보였다.

요즘처럼 배차 시간에 쫓기는 기사 아저씨며 저마다 바쁜 승객들이 옛날 그분들처럼 너그러울 수 있을까? 발이 땅에 닿기도 전에 출발하는 버스에 익숙해져 서둘러 아이를 안고 내리느라 기사 아저씨께 수고하시란 인사 한 마디 못 전한 게 마음에 걸린다.

세상을 바꾸는 0.3초

지하철 선로에 떨어진 아이를 구한 사람, "강도야!" 라는 소리에 달려가 강도를 잡은 사람, 화염에 갇힌 사람을 구출한 사람 등 이런 의인들은 1초 미만, 0.3초란 짧은 순간의 판단으로 몸을 움직인 것으로 나타났다. 0.3초는 타인을 위해 마음이 움직이는 동시에 자신과 세상을 바꿀 수 있는 시간이다.

# 14
## 수요일
# 나비 때문에
이원수 지음, 우리교육 펴냄

나는 라일락 나무 그늘에서 놀기 좋아하는 '희수'라는 강아지랍니다. 짓궂지만 주인집 아이들의 귀여움을 독차지하는 '나비'는 고양이이고요. 나비는요! 언제나 살금살금 다가와 앞발로 내 다리를 슬쩍 건드리며 늘 먼저 장난을 걸어요. 난 모른 체하다가 귀찮기도 해서 쫓아 버리려고 녀석 목덜미나 머리를 아프지 않을 만큼 꾹 물어 주어요. 그러면 녀석은 더 신나는지 내 입술, 귀, 다리를 물며 제멋대로 까불지요. 나비의 장난은 날이 갈수록 심하고 끝이 없어요! 콧잔등까지 물고 늘어지고, 목을 깔아 누르고 발랑 드러누워 뒷발로 턱을 연거푸 치지요. 견디다 못해 좀 사납게 굴면서 겁을 주면 녀석은 쏜살같이 달아나요.

겨우 쫓아 버렸나 싶어 좀 쉬려는데, 개나리 가지 잎사귀 사이로 노란 게 맘보춤을 추는 것 같아 자세히 보았어요. 무언가 날 노려보고 있었지요. 알고 보니 쫓겨 달아난 녀석이 기회를 엿보며 다시 내게 덤빌 기세로 준비를 하는 거예요. 어느새 또 다가와 내 귀를 물고 입술을 깨물고 난리지요. 참다못해 그놈을 막 짓밟고 대가리를 물어 주었지요. 달아나는 녀석을 뒤쫓아 가지만 어쩜 그렇게 빨리 도망을 치는지 붙들지 못하고 뒤돌아섰어요. 사실, 제까짓 것 단박에 울면서 달아나게 해 줄 수도 있지만 이 집에서 살게 된 경력으로나 몸집으로 보아 동생 같은 녀석을 그럴 수 있나요! 매일 장난을 하고 놀지만 서로 아프게 하지는 않아요. 다만 나보다 쬐그만 놈이 걸음이 빨라서 약이 오르지요.

그보다 더 집안 사람들 보기가 부끄러워요. 주인집 아이들이 "커다란 게 나비를 못잡네!" "희수, 꽃나무 다쳐. 썩 나오지 못해!" "나비는 암만 뛰어다녀도 꽃나무 하나 부러뜨리지 않지!" 하며 나비 편만 들어요. 그러면 녀석은 으스대며 "용용 죽겠지!" 놀려 대지요. 난 그렇게 야단 맞으면서도 달음박질에 나비에게 지지 않으려고 '좀 더 클 거야!' 하고 다짐해요. 처음 주인집에 왔을 때 나비와 나는 몸집이 비슷했지만 나는 나비보다 훨씬 빨리 자랐으니까요.

하루는 한참 장난하다 보니 어찌나 숨이 차든지 내 집으로 들어가 낮잠을 잤어요. 그런데 잠결에 내 목에 무언가 걸쳐 있는 걸 느꼈어요. 실눈

을 뜨고 보니 나비 녀석이 앞발로 내 목
을 끌어안고 자는 거예요. '요게?' 하려
다가 자는 모습이 귀엽기도 하고 녀석
이 깰까 봐 몸을 움직이지 못했지요.
또 이 기회에 내 집에서 정답게 꼭 붙어
누워 있는 것을 주인집 아이들이 보았으
면 해서요. 그러면 '우리 나비는 희수를
놀려 주기만 하는 줄 알았는데 희수를 좋
아하는구나!' 하고 생각을 바꿀까 해서요.

　그런데 또 억울한 일이 벌어졌어요. 주인집
아이들이 나비를 부르는 소리가 들려 내 집
을 보겠지, 하고 기다리는데 내 집은 보질
않고 꽃밭으로만 눈길을 보내는 거예요. 게
다가 녀석도 나가려고 벌떡 일어나지 뭐예요!

그림 | 이태수

나는 나비 앞발을 눌렀어요. 그래도 몸을 빼어 나가려 하자 급한 김에 뒷다리를
물고 끌어당겼어요. 그런데 녀석은 그리 아프지도 않을 텐데 큰소리를 내며 아픈
시늉을 하는 거예요. "희수, 너 나비 물지!" 하니까, 녀석은 '이때다!' 하며 내
귓바퀴를 물고, 주인집 아이들은 "그래. 물어 줘라!" 하며 눈을 부릅뜨고 주먹으
로 내 엉덩이를 쳤어요. 얄미운 생각에 나도 모르게 그놈의 목덜미를 물었지요.
그때 주인집 아이가 "이 자식, 너 고생 좀 해 봐라!" 하며 나를 들고 뒷결로 가더
니 블록담 위에 올려놓는 겁니다. 나는 어쩔 수 없이 벌벌 떨고 있어야 했어요. 주
인집 아이들은 한참 뒤에야 나를 마당에 내던지듯 쾅 메쳐 놓는 거예요.

　뒷결 우물가로 도망쳐서 쪼그리고 앉아 있자니 눈물이 나려고 해요. 내 빈 밥그
릇을 보자, 내게 밥을 주는 주인 아주머니 생각이 났지요. '어디 가셨을까! 아마도
찬거리를 사러 갔을지 몰라. 마중을 나가야지. 길에서 만나면 마구 뛰어오르고 반
가워해야지!' 하며 저자 길로 부지런히 달렸답니다.

어린 시절에 읽은 동화 한 편이 어른이 되어서도 기억되는 것처럼, 삶을 살아가는 동안 가슴에 별처럼 품을 수 있는 따뜻한 동
화는 우리의 순수한 감성을 일깨워 줍니다. 어린이 문학 기획자인 **김명숙 님**께서 발췌, 요약해 주셨습니다.

# 15 다시 사랑할 수 있을까요?

**목요일**

송도숙 기자

때는 결혼보다 독신을 추앙하던 중세 시대. 매력적인 남성 아벨라르는 노트르담 대성당 학교의 교수이자 참사 회원으로서 독신을 유지해야 했다. 그러나 서른여덟 되던 해에 열일곱 살의 엘로이즈를 만나는 순간, 모든 것이 정지되었다. 대성당 참사 회원 퓔베르의 조카딸인 아름다운 엘로이즈. 아벨라르는 그녀의 개인교사를 자처했고, 사제지간으로 만난 그들은 걷잡을 수 없는 사랑에 빠졌다.

그러나 종교적인 제약과 나이 차를 초월한 사랑은 곧 퓔베르에게 들켜 이별하고 만다. 뒤따른 시련은 가혹했다. 엘로이즈가 임신을 하고 아이를 낳자 퓔베르와 아벨라르는 결혼에 합의하지만 아벨라르의 장래를 위해 비밀에 부친다. 그러나 비밀은 지켜질 수 없었고 퓔베르의 감시는 더욱 심해졌다. 급기야 아벨라르는 엘로이즈를 몰래 수녀원으로 피신시키고, 이에 격분한 퓔베르는 아벨라르를 강제로 거세하기에 이른다. 그 뒤 이들이 택한 길은 수도자와 수녀로 입회하는 것. 그녀는 "깊은 신앙심이 아니라 오직 당신의 명령 때문이었습니다."라고 고백한다. 그 뒤 오랜 시간 동안 연락을 끊고 지내며 그들을 버티게 한 힘은 무엇이었을까.

이단 시비에 휘말려 생명의 위협 속에 지내던 아벨라르는 육십에 가까워서야 자신의 내밀한 경험을 《나의 불행한 이야기》라는 책자를 빌어 고백한다. "우리 사랑은 이루어질 가능성이 없을수록 더욱 강하게 불타올랐네." 우연히 책을 접한 엘로이즈는 그리움을 이기지 못해 펜을 든다. 고스란히 보존되어 후대에까지 감동을 주는 몇 차례 서신에서 엘로이즈는 자신의 사랑을 대담하고 솔직하게 고백한다. "내가 당신의 재물이나 그 어떤 재산도 아니고 오직 당신만을 원했다는 것을 하느님은 아실 겁니다. … 내 마음은 나의 것이 아니었고 당신 곁에 있었습니다. … 내게 남은 게 있다면, 전적으로 당신에게 속하는 것뿐입니다."

사랑에 무조건적으로 성실했던 엘로이즈는 아벨라르를 먼저 떠나보내고 22년이 지난 뒤에야 평안하게 그의 품에 안긴다. 아벨라르 곁에 묻고자 묘지를 파헤치자 그가 두 팔을 벌려 그녀를 맞아들였다고 전한다. 신도 막을 수 없었던 이들의 사랑을 숱한 문인과 예술가들이 소설과 노래로 기리고 있으니, 파리의 페르 라쉐즈 공동묘지에 나란히 누워 있는 이들에게 조금이나마 위안이 되지 않을까.

🍂 오늘도 나는 너에게 편지를 쓰나니 / 그리운 이여, 그러면 안녕! / 설령 이것이 이 세상 마지막 인사가 될지라도 / 사랑하였으므로 나는 진정 행복하였네라. 〈행복〉, 유치환)

# 스승과 제자

편집부

오늘의 생각

중국과 일본에게 늘 무시당하던 한국 바둑을 세계 최정상에 올려놓은 바둑의 영웅 조훈현. 1984년 조훈현 9단이 아홉 살의 이창호를 제자로 받아들였을 때 바둑계는 깜짝 놀랐다. 전성기를 달리는 프로 기사가 제자를 키우는 일은 없었기 때문이다. 하지만 조훈현은 한국 바둑이 세계 바둑과 기량을 겨루기 위해서는 혼자 힘으로는 어렵다고 생각했다. 젊은 후계자를 키워 미래에 대비해야 한다고 보았던 것이다.

어린 제자는 과묵하고 무서운 노력가였다. 조훈현은 매일 자정이 지나도록 이창호의 방에서 나는 바둑알 구르는 소리를 들었다. 그뿐 아니라 바둑알을 놓다가 쓰러져 잠이 드는 모습도 수없이 지켜보았다. 이러한 이창호의 노력은 1989년 KBS바둑왕전에서 최연소로 우승하면서 빛을 발했다. 그리고 이듬해에는 20년 가까이 세계 바둑의 정상을 지켜 온 스승 조훈현을 꺾고 최고위 타이틀마저 빼앗아 갔다. 사람들은 조훈현의 시대가 끝났다고 생각했다.

그러나 조훈현은 아직 끝이 아니라고 생각했다. 자신을 뛰어넘는 제자를 보며 한국 바둑의 희망을 느낀 그는 오히려 홀가분한 마음으로 다시 바둑알을 집어 들었다. 집중력을 키우기 위해 산을 오르며 체력을 다지고, 좋아하던 담배도 단번에 끊었다. 이창호가 밤을 새우며 바둑을 연마했듯 그도 끊임없이 연구하고 공부했다. 그렇게 자신과 싸운 끝에 3년 만에 다시 제자 이창호를 누르고 정상의 자리에 섰다.

뛰어난 제자를 통해 자신을 더 성장시킬 줄 아는 스승. 그들은 서로에게 가르침을 주고 배움을 얻으며 한국 바둑을 이끌고 있다.

## 옛날 수험생의 금기

유생들은 낙방을 연상시키는 떨어질 '락(落)' 자 쓰는 것을 싫어했다. 영남 유생들은 죽령을 넘으면 '죽죽 미끄러진다'고, 추풍령을 넘으면 '추풍낙엽처럼 떨어진다'고 믿었다. 그래서 멀리 돌아가더라도 문경새재를 넘어가려고 했다. '경사스러운 소식을 듣는다(聞慶)'라는 뜻 때문이었다.

# 16

**금요일**

# 참다 보면 좋은 날이 올 것이다

김형민 님 / SBS 프로덕션 PD

의부증이 심해 남편을 방에 가둬 두고 산다는 할머니가 있었다. 관이 나가는 것을 본 적이 없는데 무려 10년이 넘도록 할아버지를 본 사람이 동네에 없다는 것이다. 할머니 몰래 자물쇠 잠긴 방의 뚫어진 창호지 틈으로 보았을 때 우리는 기절할 듯 놀랐다. 수도승처럼 정좌하고 있던 노인의 형형한 눈과 마주쳤기 때문이다.

할아버지는 오랜 감금 생활의 결과로 다리 근육이 퇴화해 버려 혼자 일어서실 수조차 없었다. 과거 탄광 근무 시절 간부의 횡포에 맞서 지나는 차 앞에 드러누워 항의했던 기백의 소유자였다는데, 어떻게 그런 분이 발길질 한 번이면 나가떨어질 문짝 안에서 10년을 넘게 묵묵히 앉아 있었을까.

한때 부부를 떼어 놓은 적도 있었지만, 남편이 눈앞에서 사라지자 할머니의 광기가 극으로 치달았고, 결국 할아버지는 아내의 빗나간 집착이 만든 남루한 감옥에 제 발로 들어가 버렸다고 했다. 어려웠던 시절 말 못할 고생을 숱하게 한 아내가 안쓰럽고, 그 아내에게 시달릴 자식들이 걱정돼 감금을 수용했던 여든의 남자. 어쩔 수 없었다고는 하지만 야속하지 않았다고도 못할 자식들이 용서를 빌던 날 할아버지는 그들을 위로함으로써 꾸짖었다. "강하게 마음먹어라. 너희들이 가슴 펴고 못 다닐까 봐 참았는데, 눈물 보이지 마라."

10년의 감금은 고사하고 며칠 앓다 자리를 차고 일어선 듯한 할아버지에게 그 세월을 어찌 견뎠느냐며 물었을 때 할아버지는 말했다. "이런 날이 올 것이다, 하고 살았제. 참다 보면 좋은 날이 올 것이다, 생각하고."

결혼 한 달 뒤 전쟁에 끌려 나갔다가 오른손을 잃고, 전라도에서 경상도 산골 탄광까지 흘러들어 삶을 꾸려야 했던 노인. 고단한 삶에서 단련된, 그러나 어찌 보면 미련하기까지 한 낙관이 그를 지탱해 왔으리라는 느낌이 들었다. 화장실 출입조차 금지돼 방 안에서 대소변을 해결하며 영화 〈올드 보이〉의 주인공 같은 세월을 엮었을지라도, 그 마음속에 그루터기처럼 남은 희망은 노인의 정신을 온전하게 보전시키고 있었던 것이다. 새로이 걸음마를 연습하며 파안대소하는 노인을 기막힌 눈으로 뒤따르며 나는 희망의 힘에 대해 곱씹었다. 비록 막연한 희망이었을지언정, 할아버지의 오늘은 그 희망을 버리지 않은 대가가 아니었을까.

태양은 오늘도 변함없이 떠오르고 있습니다. 이것이 아침에 다시 확인한 당연한 진리였습니다. 희망이란 오늘을 힘겨워하는 사람들이 그 앞에 다가서는 창(窓)입니다. 《나무야 나무야》, 신영복)

# 장대비 내리던 날

박현근 님 / 서울 중구 신당3동

내가 중학생이던 그날 아침은 하늘이 뚫린 듯 장대비가 사정없이 쏟아졌다. 아버지는 우두커니 하늘과 땅만 바라보고 계셨다. 당시 형편이 어려워 우리 집에는 우산이 없었다. 급기야 아버지는 "애야, 오늘 학교 가지 마라. 비가 너무 많이 와서 안 되겠다." 하고 말씀하셨다. 하지만 나는 "결석하면 선생님한테 혼나요!" 하고 짜증을 부렸다.

집에서 학교까지는 5km 정도였는데 난 비가 조금이라도 그치면 바로 뛰어갈 참이었다. 아버지는 가지 말라고 연신 말씀하셨지만 난 오히려 바짝 약이 오른 수탉처럼 빗속을 뛰쳐나갔고 금세 흠뻑 젖을 수밖에 없었다. 결국 장대비에 속절없이 무릎을 꿇은 나는 학교를 안 가면 내일 당장 혼날 거라 걱정하며 오도 가도 못하고 논 언덕에 힘없이 서서 원망 섞인 눈물만 흘렸다.

그런데 얼마 지나지 않아 아버지가 빗속을 뚫고 당신도 흠뻑 젖은 모습으로 나타나셨다. 그러더니 나를 와락 끌어안고 미안하다며 하염없이 눈물을 흘리시는 게 아닌가. 아버지가 우는 모습을 처음 본 나는 더욱 서럽게 울었다. 우산 하나 사 주지 못해 비를 맞으며 가는 아들을 바라보는 아버지의 마음은 얼마나 시리고 아팠을까.

한참을 울다 집으로 돌아왔고 어머니도 젖은 아들 몸의 물기를 닦아 주다가 끝내 눈물을 보이셨다. 요즘에는 우산이 흔하지만 그땐 우산 하나도 귀한 재산으로 생각하면서 살았다. 비가 오는 날이면 가슴 아픈 부모님의 사랑이 마음을 흠뻑 적신다.

오늘의 생각

..........................................
..........................................
..........................................
..........................................
..........................................
..........................................
..........................................

**어디에서 비를 피할까?**
흔히 사람들은 잎이 넓은 나무 아래에서 비를 피하면 빗방울이 덜 쏟아진다고 생각한다. 하지만 그렇지 않다. 솔잎은 가늘어도 전체 잎의 양은 잎이 넓은 참나무보다 더 많다. 즉 지나가는 비를 피하기 위해 잎이 많은 소나무 아래 서 있으면, 수많은 솔잎에 빗방울이 많이 맺히게 되어 비를 덜 맞는다.

일상에서 만나는 신화

# 17

**토요일**

# 무지개의 아름다움 뒤에는

이경덕 님 / 신화연구가

아프리카 어딘가에 별을 밥처럼 먹는 신이 살았다. 그날도 신은 허기를 느끼고 활시위를 팽팽하게 당겨 하늘로 화살을 날렸다. 얼마 뒤 네 개의 별이 화살에 꿰여 바닥에 떨어졌다. 신은 네 개의 별을 항아리에 넣고 갖은 양념과 함께 끓였다. 음식이 익는 달콤한 향기가 사방으로 퍼져 나갔다.

그때 그곳을 지나던 추장이 있었다. 그 추장은 달콤한 냄새에 이끌려 신이 별 요리를 하는 곳까지 왔다. 신은 막 별을 요리한 음식을 먹고 있었다. 추장은 자기도 모르게 침을 꿀꺽 삼켰다. 추장은 신에게 말을 걸어 그 음식이 별로 만들어졌으며 고기와 같은 질감에 꿀처럼 달콤하다는 것을 알았다. 그리고 별을 잡기 위해서는 활이 필요하다는 것도 알았다.

▲ 태양을 쏘는 예(중국신화)

추장은 신에게 활을 구경시켜 달라고 부탁했다. 신은 절대로 활을 쏘아서는 안 된다는 다짐을 받고 활을 내주었다. 그러나 간절하게 별이 먹고 싶었던 추장은 신의 당부를 귓전으로 흘려들었다. 추장은 얼른 아무도 없는 곳으로 달려갔다. 그리고 하늘을 향해 활시위를 당겼다. 그러나 그 순간 활에서 강력한 번개가 튀어나왔고 추장은 검게 그을린 채 죽고 말았다. 그 모습을 본 신은 혀를 차며 활을 집어 들고 어디론가 사라졌다. 그런데 신이 사라진 뒤 하늘에 아름다운 무지개가 걸렸고 사람들은 그것을 신의 활이라고 여겼다. 또한 그것이 신의 경고라고 생각했다.

추장의 죽음은 자기의 능력을 넘어선 욕망을 갖지 말 것을 경고한다. 우리는 살아가면서 능력 밖의 욕망을 원하고 가슴에 품기도 한다. 그것은 삶이 던지는 일종의 시험이다. 이 시험에 수많은 사람들이 굴복하고 그로 인해 좌절했다. 우리는 학력을 위조하거나 뇌물을 받은 것이 탄로나 사회에서 매장 당하고, 도태되는 것을 최근에도 보았다. 자기가 땀 흘려 노력해서 얻은 것이 아니라면 과감하게 능력 밖의 욕망을 포기할 줄 알아야 한다.

요즘 무지개를 보기 힘들다. 그러나 무지개가 아름다운 것을 모르는 사람은 없다. 마음속에 무지개 하나쯤 가지고 살 일이다.

사람들에게 갖고 싶은 것을 말해 보라고 하면 모두 자기가 현재 가진 것들을 빼고 자기 능력으로는 손에 넣을 수 없는 것들을 나열한다. (쇼펜하우어)

# 울릉 산파

정선욱 님 / 경북 울릉군 도동리

"여보세요? 저 임신 8주 된 임산부인데 거기서 검사 받을 수 있나요?"

"네, 검사뿐만 아니라 아기도 낳을 수 있어요."

요즘 자주 걸려 오는 전화입니다. 3무5다(도둑, 공해, 뱀이 없고 향나무, 바람, 미인, 물, 돌이 많다)로 유명한 섬 울릉도. 매년 30~40명 되던 임산부들이 올해는 '황금복돼지 해'라고 해서 벌써 50명을 넘어섰습니다. 덕분에 울릉도 유일의 산부인과 의사로 자칭타칭 '울릉 산파'인 나는 더할 나위 없이 바쁘답니다.

울릉도에 하나뿐인 의료기관 울릉보건의료원. 이곳은 각 과별로 군복무 대신으로 오신 공중보건의 선생님 열두 분이 근무를 합니다. 전공이 다 다른 분들이라서 '울릉도 유일의 ○○과 전문의'라고, 나 없이는 이 환자들 못 본다는 투철한 직업의식을 가지고 열심히 생활하시지요.

모든 아기가 예정일에 맞춰서 나와 주면 얼마나 좋겠습니까마는 실제로 그런 경우는 드물지요. 37주가 넘어서는 임산부가 있으면 나와 산부인과 간호사는 늘 비상상태로 지내게 됩니다. 다른 선생님들은 육지에 볼일이 있을 때 주말에 잠시 나갔다 와도 되지만, 나는 울릉도를 벗어날 수 없습니다. 하지만 불만은 전혀 없어요. 나에게는 그냥 지나가는 일분일초일 수도 있지만 임산부와 태어날 아기에게는 무척 소중한 시간이니까요.

11월에도 예정일 잡힌 임산부들이 벌써 15명을 넘어섰더라고요. 당분간 육지에 못 나가더라도 나는 울릉도 임산부들이 무사히 아기를 낳을 그날까지 '울릉 산파'로 열심히 일하려고 합니다.

오늘의 생각

........................

........................

........................

........................

........................

........................

........................

........................

........................

**부부싸움 기억하는 태아**
부부싸움이 잦으면 태아의 뇌가 제대로 발달하지 못하거나 청각 장애를 일으킬 수 있다는 연구 결과가 나왔다. 임산부가 스트레스를 심하게 받으면 태아에게 가는 혈액량이 줄어 산소 부족이나 면역체계 이상을 일으킬 수 있는 것. 또 태아는 부모가 싸운 일을 기억하기 때문에 정서 발달에도 안 좋다.

# 가발 할머니의 남편 사랑

박경철 님 / 의사

가발 할머니가 병원에 오셨다. 잘 맞지도 않는 가발을 늘 쓰고 다니는 할머니는 가끔 터무니없이 떼를 쓰실 때가 있다.

어제는 물리치료를 끝내고 진료실에 다시 들어오더니 다짜고짜 내 책상 위에 만 원짜리 한 장을 올려놓으셨다. 그러고는 "원장 어른, 물파스 만 원어치만 좀 주소." 하셨다. 당황한 내가 "할머니, 물파스가 필요하시면 약국에서 사셔야죠." 하고 말씀드리자 "아니 약국에서 파는 거 말고 물리치료실에서 발라 주는, 거 왜 미끌미끌한 물파스 좀 달라구." 알고 보니 할머니는 초음파 치료할 때 바르는 젤리를 두고 한 말씀이셨다. "할머니, 그건 물파스가 아니고 그냥 물하고 똑같아요. 그걸 바르면 나은 듯한 기분이 드시는 건 그 다음에 빙빙 돌리는 둥그런 쇠뭉치 때문이에요." 하고 설명을 드렸지만 할머니는 도통 막무가내셨다.

할머니는 그러는 중에 연신 틀어지려는 가발을 바로 잡으면서 "아 글쎄 그래도 좀 팔라니까, 내 소문 안 낼 테니까 늙은이 소원 한 번만 들어줘." 하고 계속 떼를 쓰셨다. 결국 못 이겨 젤리를 한 병 드렸더니, 이번에는 또 굳이 만 원을 주고 간다고 하셔서 진땀을 빼야 했다.

어쨌건 가발 할머니는 우리 병원에서 꽤 인기가 많으시다. 대기실에 계시다가 가끔 옆에 앉아 기다리는 꼬마에게 과자를 쥐어 주기도 하고, 근력이 약한 동네 노인들을 부축해 병원에 모시고 오기도 한다. 하지만 이렇게 성품 고운 할머니에게 가슴 아픈 사연이 있다는 사실을 알게 된 건 불과 얼마 전이었다.

하루는 크기도 맞지 않고, 어울리지도 않는 가발을 쓰고 다니시는 할머니에게 "그 가발을 왜 쓰고 다니세요?" 하고 물어보았다. 그랬더니 할머니께서 "왜 원장님이 가발 하나 해 줄껴?" 하면서 가발을 홀랑 벗으시는데 놀랍게도 부분 탈모가 너무 심했다. 놀란 내가 "할머니 머리가 왜 이러세요?" 하고 묻자 할머니가 허허 웃으며 말씀하셨다. "아, 이거? 영감이 다 뽑아서 그랴. 매일같이 머리채를 쥐고 흔들어 대는데 머리카락이 남아날 턱이 있나. 원장님도 알다시피 우리 영감이 치매잖어. 젊을 때는 술 먹고 만날 주먹질이더니, 늙어서는 머리채를 뽑아 대네." 나도 할아버지가 치매란 사실은 알았지만 이런 얘기는 처음이었다.

할머니는 오전 나절엔 집에서 기른 채소를 들고 나와 신시장에서 파셨는데, 그 돈으로 할아버지 드실 과자나 고기를 한 근씩 사 가곤 하셨다. 이렇게 할머니가 지극 정성으로 할아버지를 보살피는 것을 보고는 두 분의 금실이 그 누구보다 좋은 줄로만 알았다.

"할머니, 할아버지가 그렇게 속을 썩이시는데 왜 그렇게 잘해 드리는 거예요?" 그러자 할머니께서 너무나 당연하다는 듯한 표정으로 답하셨다. "아, 그게 다 피 때문이야."

할머니 말씀은 이랬다. 언젠가 할아버지가 사고를 당하셔서 급히 수혈을 해야 했는데, 할아버지 혈액형이 Rh-형이라 피를 구하기가 쉽지 않았다. 그래도 어렵사리 피를 구한 덕에 할아버지는 수술을 받고 생명을 구할 수 있었는데, 그때 할머니는 처음으로 그 피가 세상에 그렇게 드문 피라는 것을 아신 것이다.

"그 희귀한 피를 타고났으니, 본인인들 얼마나 억울하겠어? 그 더럽은 피가 몸을 타고 돌아다녀서 그런 건데, 영감이 저렇게 술도 먹고 험한 소리도 하지만 어디 저게 본심이겠냐 말이야." 그래서 그때 이후로는 할아버지가 욕을 하건, 폭력을 쓰건, 도박을 하건 그건 다 '더럽은 피를 타고난 억울한 팔자'라서 그렇다고 여기니 오히려 할아버지가 그렇게 불쌍하고 안돼 보이더라는 것이다.

나는 "원장 어른, 그 피가 정말로 그렇게 더럽은 피가 맞는 거재?"라고 물으시는 할머니께 "예. 맞아요, 그래요 할머니." 하고 맞장구를 치면서도 그렇게 말씀하시며 웃는 할머니의 그 미소가 참 고마웠다. 그것은 할머니가 할아버지 혈액형을 몰랐더라도 할아버지의 두 번째 발가락이 짧아서, 혹은 눈이 작아서, 그것도 아니라면 콧구멍이 두 개라서 할아버지가 그러는 거라고 말씀하실 분이라는 걸 알았기 때문이다. "할머니, 진짜 피 때문에 그런 거 맞아요. 피만 아니면 할아버지도 참 좋은 분이었을 거예요!"

**박경철** 님은 경북 안동에서 신세계병원을 운영하고 있습니다. 《시골의사의 아름다운 동행》 1, 2권을 펴내 '시골의사'라는 필명으로 더 유명합니다. 그밖의 저서로는 《시골의사의 부자경제학》이 있습니다.

# 나는 괜찮습니다

서상현 님 / 경기도 파주시 아동동

그림 | 이지희

매번 휴가를 나가도 썰렁한 집에 혼자 있다 보면 외톨이가 된 듯합니다. 부모님은 내가 태어나기 전부터 지금까지 맞벌이를 하고 계십니다. 휴가 때마다 부모님이 저녁에 일을 마치고 집에 오자마자 하시는 말씀은 "아들, 미안하다. 면회 한 번 못 가서…." 입니다. 부산 집에서 멀리 떨어진 파주에서 군 생활하는 아들에게 면회 한 번 가지 못한 것이 늘 미안하셨기 때문이겠죠. 그럴 때마다 눈시울이 왜 그렇게 붉어지던지 내 자신이 원망스러울 때도 많았습니다.

입대한 지 얼마 안 돼 부대 개방 행사를 했습니다. 가족, 친구, 부모님 등 여러 사람을 초대해 부대 안에서 즐겁게 보낼 수 있는 날이죠. 나는 그때 100일 휴가도 다녀오지 않은 이등병이라 부모님의 손길이 한창 그리웠습니다. 처음에는 '괜찮아, 난 괜찮아.' 하며 마음을 굳게 먹었지만 그것도 잠깐이었습니다. 갑자기 왜 그렇게 눈물이 나던지 그만 공중전화로 달려가 엄마에게 전화를 걸었습니다. 엄마는 아무 말도 못하고 울먹이는 내게 무슨 일이 있느냐고 걱정스럽게 물으셨습니다. 그래서 대답했습니다.

"엄마, 오늘 부대 행사로 모두 부모님이 오셨는데 자꾸 엄마 생각이 나서…."

그러자 엄마의 울먹이는 목소리가 들렸습니다. 그러고는 얼마나 서럽게 우시던지. 그렇게 아무 말도 못하고 서로 눈물만 흘리다가 엄마에게 말했습니다.

"엄마, 나 이제 괜찮아. 괜찮으니깐 엄마도 그만 울어. 일해야 되잖아. 나 들어가 봐야 되니까 이따 저녁에 다시 전화할게."

지금 생각해 보면 내가 왜 그랬을까? 매번 엄마에게 죄송한 마음이 듭니다. 면회를 한 번도 안 오신 부모님을 원망한 적은 없습니다. 하지만 부모님은 그 뒤로 나를 보면 늘 미안하다고 하십니다. 휴가 나갈 때마다 부모님의 어깨가 왜 그렇게 좁게 느껴지는지. 예전과 달리 많이 늙으신 부모님 모습에 가슴이 뭉클합니다.

이제 상병이 되었습니다. 6개월 정도만 지나면 군 생활을 마치게 되죠. 전역해서 부모님께 꼭 효도하겠습니다. "충성! 부모님 사랑합니다."

군대에서 겪은 재미있는 일, 감동적인 이야기를 원고지 5장 또는 A4 용지 반 장 분량으로 적어 **편집실**로 보내 주세요.

## 너무 똑똑한 그(그녀), 이럴 땐 정말 피곤하다!

친구들과 어울리는 자리에서 내가 영어를 잘못 발음하면, 남자친구는 여지없이 그 많은 친구 앞에서 발음을 교정해 준다! 매번 발음 교정으로 나를 당황스럽게 하는 이 남자, 어찌하나이까.

이명숙 님 / 대구시 수성구 지산1동

그림 | **심차섭**

### 남자

반전이 있는 영화를 보는 내내 "범인은 쟤야." 라고 말하는 그녀. 온갖 상상의 나래를 펼치다 영화가 끝날 무렵 한 마디를 날린다. "범인 쟤 맞지?"  박강식 님 / 경북 포항시 죽도2동

외국에 살다 와서 그런지 함께 식사하고 나면 늘 더치페이를 하자는 그녀. 계산대 앞에서 20원까지 나누려는 그녀에게 말하고 싶다. "제발 이런 거에 너무 머리 쓰지 말아 줘~."

김명선 님 / 서울 동작구 사당1동

대학 강사인 그녀는 내게 사회·과학 문제를 내곤 한다. "상식이니 맞춰 봐." 라고 문제를 낼 때면 난 틀릴까 봐 신경을 바짝 곤두세워 답하느라 정말 피곤하다!

박우진 님 / 부산시 서구 동대신동1가

똑똑한 데다 궁금한 것까지 많아서 질문을 수도 없이 하는 여덟 살짜리 우리 딸. 어서 답변하라고 졸라 대는 딸 때문에 아빠는 괴롭다.

손인호 님 / 경기도 시흥시 정왕동

카페에서 고상한 클래식 음악이 흘러나올 때면 "이 음악 알죠?" 라고 당연한 듯 묻는 그녀. 음악 지식이 해박한 그녀 때문에 피곤하다!

안영은 님 / 대전시 중구 태평동

### 여자

정치에 관심이 많은 그와 그렇지 않은 나. 요즘 뉴스를 제대로 챙겨 보지 못해 요점만 알려고 정치 얘기를 물어보면 그의 입에서는 봇물 터지듯 과거 정치사까지 줄줄 나온다.

최재현 님 / 경기도 고양시 중산동

컴퓨터 AS 기사보다 컴퓨터를 더 많이 아는 그 사람 덕에 무료로 AS를 받았다. 하지만 한 시간 동안 기사와 입씨름하는 그 때문에 무척 피곤했다!  오미향 님 / 경북 영주시 휴천3동

퀴즈 프로그램을 볼 때 내가 오답을 말하면 "그거 아니야! ○○지." 하고 무안을 주는 그 사람. 다시는 그와 퀴즈 프로그램을 같이 보지 않겠다고 다짐했다.

장선임 님 / 광주시 북구 오치동

박물관에서 "이건 몇 세기에 만들어졌고…." 라며 그것에 얽힌 역사를 장황히 들려주는 남자친구. 마치 역사 수업을 듣는 듯 무척 피곤했다.  원영선 님 / 강원도 영월군 영흥10리

할인마트에 같이 장보러 가면 휴대전화에 내장된 계산기로 일일이 숫자 버튼을 두드려 가격 비교를 하는 그! 너무 계산을 잘해 탈이다.

김수라 님 / 경기도 남양주시 퇴계원리

# 귀여운 독일 사람들

글 · 사진 / 박준 님

독일 뒤셀도르프 벼룩시장 한 편에선 중년이 한참 지났을, 백발이 성성한 노년의 밴드가 연주를 했다. 드럼을 치고 기타를 치며 노래하는 그들의 얼굴에 웃음이 가득했다. 저렇게 나이 들 수도 있구나. 그 행복한 기운에 전염되어 나도 모르게 마시지도 못하는 맥주를 벌컥거렸다.

뒤셀도르프를 여행하며 '이터' 라는 동네에 사는 친구에게 신세를 지고 있었다. 독일에서 8년째 유학 중인 친구는 벼룩시장의 자잘한 소품을 보며 무엇이 그리 신기한지 감탄을 거듭했다. 오랜 시간 깎고 다듬고 칠한 흔적이 고스란히 남아 있는 물건들이 주인을 떠나 고작 1유로, 2유로로 팔리고 있었다. 새끼손톱만 한 꽃잎들로 장식한 나무 액자 세 개도 1유로(약 1,315원)다. 자세히 살펴보니 칠이 벗겨지고 금이 간 액자 안에 연필로 작게 쓴 알파벳 이니셜도 보인다. 이 액자를 만든 사람은 꽃잎 하나하나를 주워 말리고, 나무로 액자 틀을 짜고, 다듬고 색칠해 그의 이름을 써 넣었다. 아마, 그는 돈을 받고 팔려고 액자를 만들지는 않았을 것이다. 액자를 만드는 순간 그는 그저 즐겁지 않았을까. 이제 어떤 사연인지 세 개의 액자는 주인을 떠나 새로운 주인을 기다리며 이곳에 놓여 있다.

두 평 정도의 테라스가 딸린 친구 방은 2층이다. 테라스 앞쪽으로는 방목장이 있어 종종 내달리는 말들을 볼 수 있다. 친구는 길에서 주워 왔다는 하얀색 플라스틱 의자에 무릎을 접고 앉아 작은 숲 같은 주위를 바라보곤 했다. 독일의 날씨는 내내 흐리고 공기는 차갑다. 독일에 도착해 머무는 2주 동안 햇빛을 본 것은 단 두 시간 정도. 서울에서 가방을 싸면서 넣을까 말까 망설이다 가져온 트렌치코트는 독일에서 매일매일 빗줄기와 한기를 피하기 위한 필수품이 되었다. 햇볕을 쬐는 일이 매우 특별한 일이 될 수 있다는 것을 난 독일에 와서 알았다. 2주 동안 햇빛을 보지 못하자, 흐린 날씨는 기분을 가라앉게 만드는 정도가 아니라 우울함과 두통과 몸살을 가져왔다.

그런데 느닷없이 햇볕이 내리쬐기 시작했다. 눈부신 날씨만큼 내 마음도 화사해졌다. 햇볕을 즐기자고 작정하고 집을 나섰다. 독일의 평범한 주택가 이터는 조용하고 지나는 사람도 많지 않다. 골목을 사이에 두고 마주 보는 2층집 지붕에 난 창문으로 노부부가 얼굴을 내밀고 이야기하는 모습이 보인다. 그들이 먼저 내게 인사를 건넨다. 아마 이들은 매일 이런 식으로 대화를 할 것이다. "이봐, 아니카! 커피 한 잔 마시러 와!" "지금은 안 돼! 우리 집 개가 아파." 나도 그들의 대화에 끼어들고 싶다. "그럼, 내가 대신 가면 안 되나요?"

이터를 산책하면서 내가 가지고 있던 독일인들에 대한 편견이 바뀌기 시작했다. 주택가를 지나며 집 외부를 장식해 놓은 것을 보고 몇 번이고 자지러질 만큼 웃음을 터트렸기 때문이다. 어떤 집 지붕에 달린 창문 위에는 오리 두 마리가 굴뚝 옆에서 검불로 둥지를 틀고 있다. 기와지붕에는 새끼 표범 한 마리가 웅크려 앉아 있고, 지붕 꼭대기에는 수탉 한 마리가 점프라도 할 것 같은 기세다. 다른 집 담장에는 얼룩무늬를 가진 어미와 새끼 고양이 두 마리가 네 마리의 쥐들을 맹렬히 쫓고 있다. 창가에서 나를 깜짝 놀래 키기라도 할 것처럼 익살스러운 표정을 한 여자도 있다.

오리와 표범과 고양이를 '인형' 이라고 해야 할지, 무슨 '인테리어' 라고 해야 할지 모르겠다. 하지만 자기 집 지붕 꼭대기 위에 수탉 인형을 얹어 놓는 마음을 가만히 생각해 보면 웃음부터 나온다. 이터의 집들에는 '여긴 내 집이야!' 하는 배타성이 없다. 집들은 모두 개성이 넘치고 집에서 배어 나오는 여유가 집 앞을 지나는 사람을 웃게 만든다. 버려진 캐비닛에 페인트를 칠하고 그 위에 화분을 나란히 올려놓은 넉넉한 마음과는 또 다른 유머가 느껴진다. 시간과 공을 들여 집을 가꾼 여유를 이웃과 나누려는 마음이 예쁘지 않은가?

**박준 님**은 전 세계를 여행하는 여행 작가이며 다큐멘터리 감독으로도 활동하고 있습니다. 《On the Road-카오산 로드에서 만난 사람들》, 《네 멋대로 행복하라》 등의 책을 펴냈습니다.

# 아름다운 맞수

노성두 님 / 서양미술사학자

▲ 피렌체 대성당

피렌체는 이탈리아 르네상스의 요람이다. 레오나르도 다 빈치와 미켈란젤로가 어린 시절 미술 공부를 하면서 도제 생활을 보낸 도시이기도 하다. 르네상스 예술가들의 전기를 읽어 보면 피렌체의 예술가들 사이에 일어났던 흥미진진한 일화들이 많다. 예술이 아니라 예술가들이 뜨거운 관심의 대상이 되었다는 사실도 놀랍지만, 이런 일화들이 대부분 맞수 사이의 경쟁을 다룬다는 점이 눈길을 끈다. 예술가들은 비록 가난에 찌들어 누더기를 걸쳐도 자존심 하나만큼은 하늘을 찌르는 족속들이다. 맞수들은 겉으로는 으르렁대며 가시 돋친 설전을 펼치면서도 속으로는 서로의 실력을 인정하면서 예술세계에 동행했다.

도나텔로와 브루넬레스키는 서로 앙숙이자 친구였다. 브루넬레스키는 피렌체 대성당의 둥근 지붕을 얹은 당대 최고의 건축가였다. 도나텔로는 교황과 군주들이 그가 만든 작품 하나를 얻으려고 몇 년씩 기다린다는 조각의 제왕이었다. 브루넬레스키는 자신의 천재적인 발명 아이디어를 누가 훔쳐갈까 봐 전전긍긍하며 모든 기록과 서류를 철저히 감추었던 비밀주의자에다 고독한 늑대였고, 도나텔로는 자신의 작품에 대해 군소리를 늘어놓는 주문자의 눈앞에서 그 조각 작품을 망치로 때려 부순 본때 있는 성깔이었다.

하루는 도나텔로가 커다란 십자가 조각을 하나 제작했다. 지금 피렌체의 산타 크로체 교회의 제단부에 걸려 있는 십자가가 바로 그것이다. 십자가의 아름다움에 대해서 다들 입을 다물지 못하는데, 마침 그 자리에 있던 브루넬레스키가 한 마디 했다. 십자가에 달린 그리스도가 마치 밭에서 기운을 쓰다가 온 농사꾼처럼 보인다는 것이었다. 모욕을 당한 도나텔로는 당장 쏘아붙였다. 그렇게 잘난 자네가 한번 만들어 보라고.

그로부터 몇 달이 지났다. 지난 일을 까맣게 잊고 있던 도나텔로에게 전갈이 왔다. 브루넬레스키가 저녁 식사에 초대한다는 것이었다. 가벼운 마음으로 친구 집 문턱에 들어선 도나텔로의 눈에 십자가가 들어왔다. 브루넬레스키의 작품이었다. 십자가의 아름다움에 놀란 도나텔로는 들고 있던 달걀 꾸러미를 그만 바닥에 떨어뜨렸다. 그리고 도나텔로는 예술의 기적이 탄생했다며 브루넬레스키의 솜씨에 사심 없는 찬사를 보냈다. 그 일이 있은 뒤 두 사람의 우정은 더욱 공고해졌다. 이탈리아의 르네상스 미술이 눈부시게 꽃피었던 것은 훌륭한 맞수들이 아름다운 경쟁을 벌인 덕분이 아니었을까?

# 잡상수첩

홍승우

**홍승우 님**은 두 아이를 키우며 관찰한 가족의 건강한 일상을 웃음으로 풀어 낸 《비빔툰》의 작가입니다.

# 부빈다는 것

안개가
나뭇잎에 몸을 부빈다
몸을 부빌 때마다 나뭇잎에는 물방울들이 맺힌다
맺힌 물방울들은 후두둑 후둑 제 무게에 겨운 비 듣는 소리를 낸다
안개는, 자신이 지운 모든 것들에게 그렇게 스며들어
물방울을 맺히게 하고, 맺힌 물방울들은
이슬처럼, 나뭇잎들의 얼굴을 맑게 씻어 준다
안개와
나뭇잎이 연주하는, 그 물방울들의 和音,
강아지가
제 어미의 털 속에 얼굴을 부비듯
무게가
무게에게 몸 포개는, 그 불가항력의
표면 장력,
나뭇잎에 물방울이 맺힐 때마다,
제 몸 풀어 자신을 지우는
안개,
그 안개의 粒子들

부빈다는 것
이렇게 무게가 무게에게 짐 지우지 않는 것
나무의 그늘이 나무에게 등 기대지 않듯이
그 그늘이 그림자들을 쉬게 하듯이

김신용

# 18
일요일

# 언제든지 전화해

고마츠 사야까 님 /《사야까의 한국 고고씽》 저자

나는 일본인 중에서도 꽤 내성적이고 부끄럼을 잘 타는 성격이다. 처음 만난 사람 앞에 서면 '뭘 물어볼까?' 라고 혼자 오래 고민할 만큼 낯선 사람과 쉽게 친해지지 못한다.

그런데 한국에 온 지 얼마 안 된 어느 날, 이전부터 알던 한국인 친구가 갑자기 나한테 친구 다섯 명을 소개해 주겠다고 말했다. 처음에는 내성적인 성격과 익숙하지 않은 한국말 때문에 그들과의 만남이 상당히 부담스러웠다. 하지만 그런 불편함만 신경 쓰다 보면 모처럼의 해외생활에서 친구도 없이 지내야만 할 것 같아 그날은 큰맘을 먹고 만나기로 했다.

그날 밤 어느 술집에서 친구가 새로운 사람 다섯 명을 내게 소개했다. "안녕하세요?" 내가 인사를 먼저 할까 말까 고민하는 사이에 그 다섯 명이 한꺼번에 나에게 관심을 보이며 질문을 하기 시작했다. "몇 살이에요?", "일본 어디에서 왔어요?", "한국이 불편하지 않나요?" 등 그들은 계속해서 나에게 말을 걸어 주었다.

처음 본 사람들이 이렇게까지 내게 관심을 보이는 게 너무 놀라웠다. 하지만 많은 관심 덕분인지 30분 만에 오래 만난 친구처럼 뭐든지 이야기할 수 있는 편한 사이가 되었다. 집으로 돌아갈 즈음 그들은 나에게 "무슨 일이 있으면 언제든지 전화해."라고 말하며 전화번호를 알려 주었다. 사실 그때까지만 해도 나는 '아마 오늘 만나고 끝이겠지?' 라고 생각했다. 하지만 이후에도 그들은 꾸준히 연락하면서 나를 잘 돌봐 주었다.

보통 일본에서는 처음 만난 자리에서 가벼운 이야기를 하고 그 뒤 친구라고 부를 수 있는 사이로는 발전하지 않는 경우가 대부분이다. 개인적인 성향이 강한 일본인은 많은 관심이 상대방에게 폐를 끼친다고 생각하기 때문이다.

그날은 내가 책에서만 읽어 본 '한국의 정' 을 마음으로 느낀 날이었다. 그 친구들은 그런 관심과 배려가 외국인인 내게 '한국의 정' 이라는 한 마디로 표현할 수 없을 만큼 대단히 행복한 일이었다는 것을 알고 있을까? 아마 무의식적으로 베푸는 친절이라 잘 모를 것 같다. 그들 덕분에 마치 한국에 가족이 생긴 것 같고, 누군가 나를 지켜 주고 있는 듯한 기분이다.

자기에게 이해관계가 있는 사람에게만 친절하고 어질게 대하지 말라. 지혜 많은 사람은 누구에게나 친절하고 어진 마음으로 대한다. 어진 마음 자체가 자신에게 따뜻한 체온이 되는 까닭이다. (파스칼)

# 다듬잇돌은 지가 였는디유

옛날 가마를 타고 시집갈 때, 충청도 어느 고을에서 일어난 일이다. 예전에 가마는 네 사람이 메고 갔는데 먼 길일 경우에는 여간 어려운 것이 아니었다.

어느 집에서 딸을 먼 곳으로 시집보냈다. 그런데 어찌 되어 그랬는지, 혼수로 가는 다듬잇돌을 깜빡 잊고 안 보내서 나중에 신부가 탄 가마 속에 따로 넣어 보내게 되었다.

때는 마침 오뉴월 삼복더위인 데다가 돌덩이까지 집어넣었으니 가마꾼들이 비지땀을 흘려 가며 그런 고생이 없었다. 신부가 밖을 내다보니까 가마꾼의 등이 축축하게 젖어 있는 것이 몹시 미안한 마음이 들었다. 신부는 어떻게 하면 가마꾼을 도울 수 있을까 궁리했다.

가마꾼들은 어찌나 힘들던지 앞에 주막이 보이자 가마를 잠시 내려놓고 한마디씩 했다.

"어이, 저기 가서 목이나 축이고 가야겠어."

"허긴 가마 메다 이렇게 무거운 건 처음이여. 신부가 얼마나 뚱뚱하면 이리 무거운 기여?"

안에서 듣고 있던 신부가 억울하다는 듯이 참견하고 나섰다.

"아니, 그래도 댁들 생각혀서 다듬잇돌은 지가 머리에 였는디유." 《바보 이야기, 그 웃음의 참뜻》, 이강엽, 평민사

오늘의 생각

.......................................
.......................................
.......................................
.......................................
.......................................
.......................................
.......................................
.......................................
.......................................
.......................................
.......................................

## 만능 건강식품 '밤'

밤의 당지질 성분은 체내 대식세포를 활성화시켜 면역력을 높여 주기 때문에 스트레스를 많이 받고 면역력이 떨어지는 현대인들에게 좋다. 또한 칼로리와 지방 성분이 낮아 다이어트 식품이면서도, 항산화 영양소인 베타 카로틴과 비타민C의 함량이 높아 노화 예방 및 피부 보호에도 효과가 있다.

# 19
**월요일**

# 뜻이 같은 친구를 곁에 두어라

송도숙 기자

"김성일과 우성전이 지금 《계몽》을 읽으려 한다더구나. 이때를 놓쳐서는 안 될 것이다. 곧장 절에서 내려와 이들과 함께 《계몽》을 읽는 것이 좋겠다." 퇴계 이황이 절에서 따로 공부하던 손자 안도에게 어서 도산서원으로 와서 뛰어난 제자들과 함께 공부하라고 보낸 편지다. 퇴계는 학문이 깊고 똑똑한 제자가 찾아오면 아들과 손자, 다른 제자들에게 소개해 주고 함께 공부하게 했다. 청송에서 제자 신언이 용수사란 절에 들어가 공부하자 다른 절에서 공부하던 아들을 용수사로 보내 신언과 같이 공부하도록 한 일도 있다. 뜻이 같은 친구와 더불어 공부하면 학업에 열중하게 되고, 자기 발전을 도모할 수 있다고 생각한 것이다.

그는 아들과 손자뿐 아니라 조카와 조카사위, 생질, 누님의 사위, 형제의 외손자까지 세심하게 살폈다. 한번은 넷째 형의 둘째 아들 영이 생활이 어려워 학문을 포기하려 하자 "생각하고 생각하고 다시 또 생각해 보아라."는 편지를 보내 달랬다. 그 뒤 영은 학문에 정진해 벼슬길에 나섰다.

무엇보다 퇴계는 학문에 뜻을 둔 사람을 항상 곁에 두는 모범을 보였다. 찾아오는 이의 귀천을 따지지 않고 정성껏 대접하며 어떤 질문에도 성실하게 답했으니, 퇴계의 집에는 자연스럽게 학문에 뜻을 둔 사람들이 모여들었다. 자녀들이 이들과 함께 공부하도록 애쓴 덕분에 퇴계 후손은 조선조에 걸쳐 문집을 세 번째로 많이 낸 가문이 되었다. 이는 양반 사회에서 학자로 인정받은 이들이 그만큼 많다는 뜻이다. 이런 원칙은 유성룡과 김성일 등 뛰어난 제자들에게도 전수되었고 결국 조선 최대 학파인 영남학파가 탄생하기에 이르렀다.

자녀에게 벼슬길에 오르기를 강요하기 전에 뜻이 같은 이들과 함께 독려하며 공부하는 환경을 열어 주었던 퇴계 이황. 또한 자신의 자녀뿐 아니라 친척에 제자들까지 세심하게 살피며 서로 연결시켜 주었던 그의 자녀교육 원칙은 지금도 중요한 가르침을 준다. 자녀를 큰사람으로 키우고 싶다면 좋은 친구를 사귈 수 있는 환경을 열어 주어라. 그러기 위해서는 먼저 부모가 인간관계를 잘 맺는 모범을 보여야 한다. 또한 '내 아이'만 챙길 것이 아니라 그 세대를 품는 넓은 시각을 가져야 할 것이다. (참고: 《5백년 명문가의 자녀교육》, 예담)

> 진실로 위대한 은총은 작은 재능으로부터 온다. 그리고 진정 귀한 것들은 친구들로부터 온다.
> (테오크리토스)

# 아버지의 쓸쓸한 뒷모습

허성아 님 / 경남 창원시 명서동

아버지 생신을 맞아 시골집에 내려갔습니다. 고향에 도착할 즈음 동생에게서 전화가 왔습니다. 아버지가 오토바이를 타고 기차역으로 나를 마중 나가셨다고요. 그 말을 듣고 동생에게 택시 타고 갈 테니 아버지께 오시지 않아도 된다고 말씀드리라고 했습니다. 사실은 오토바이 뒷좌석에 앉아 많은 차들이 다니는 도로를 내달리는 것도, 아버지 허리를 어색하게 껴안고 간다는 것도 영 마음에 걸렸습니다.

동생에게 다시 연락이 왔습니다. 아버지가 어머니와 읍내로 장을 보러 가신 김에 기차역에 들르는 것이라고 했습니다. 정말 다행스러웠습니다. 설마 그 작은 오토바이에 세 사람이 탈 수는 없을 테니까요.

그러나 기대는 여지없이 빗나갔습니다. 어머니가 택시비 아깝다며 셋이서 오토바이를 타고 가자고 한 것입니다. 마지못해 오토바이에 올라탄 순간, 하필이면 전에 근무했던 직장 상사를 만났습니다. 그 뒤 나는 아는 사람이라도 만날까 봐 한 손으로 얼굴을 가린 채 오토바이를 타고 집으로 향했습니다. 집에 가는 내내 "아휴 창피해."라는 말만 연거푸 나왔지요.

마침내 집에 도착한 뒤 동생에게 "창피해 죽는 줄 알았다."라고 말했습니다. 그러자 잠자코 계시던 어머니가 "그 말 좀 그만해라. 이 더운 날 아빠가 니 태워 오려고 그리 기다렸는데 아빠가 들으면 얼마나 서운하겠노." 하셨습니다.

나를 집에 내려 주고 논에 가시던 아버지의 쓸쓸한 뒷모습이 가슴에 박혔습니다. 아버지, 그 깊은 자식 사랑을 몰랐던 못난 딸을 용서해 주세요. 정말 죄송해요.

오늘의 생각

.......................
.......................
.......................
.......................
.......................
.......................
.......................
.......................
.......................
.......................

### 노부모를 위한 마당쓸이 풍습

오래전 환갑이 지난 노부모를 모신 집에서는 양식이 떨어지면 먼동이 트기 전 잘사는 집에 찾아가 마당을 쓸어 놓고 돌아왔다. 이를 '마당쓸이'라고 하는데, 노부모 끼니 이을 양식이 떨어졌다는 무언의 행위였다. 주인이 일어나 누가 마당을 쓸었냐고 물은 다음 열흘치 먹거리를 가져다주었다.

# 20
화요일

## 이별은 훈련이 안 돼

한창훈 님 / 소설가

작가 대양 프로젝트 일환으로 상선을 탈 기회가 있었다. 장보고 사후 대륙만 바라보았던 세대에 대한 반성과 해양 강국으로서 문화 토대를 마련하기 위해 기획한 것이다. H상선 6,800TEU급 컨테이너선 콜롬보호를 타고 홍콩에서 네덜란드 로테르담까지 16,000킬로미터를 갔다. 남지나해와 싱가포르, 해적이 자주 나타나는 말라카해협과 인도양, 수에즈운하, 지중해, 지브롤터해협, 대서양이 나와 동료 작가 셋의 행보였다. 20일 걸렸다.

6,800TEU급이란 우리가 흔히 보는 작은 컨테이너 6,800개를 실을 수 있다는 소리다. 그 많은 짐을 싣고 7만 5천 톤급 배는 순한 초식동물처럼 서쪽으로 가고 또 갔다. 평균 23노트. 스물두 명이 그 큰 배의 모든 것을 맡아 했다. 항해사는 항해 당직을, 엔지니어는 기관을, 갑판부는 배와 화물의 안전을 책임졌고, 조리부는 밥과 국을 끓였다. 캡틴이 모든 것을 총괄했다. 무역의 최전선. 일은 밤낮 구분 없이 이어졌다. 그들에 의해 교역이 완성되고 있었다.

그러나 그들은 외로웠다. 아프가니스탄 피랍자들이 뉴스거리였는데 승무원 모두 씁쓸한 표정을 지었다. 선원들이 납치됐다면 그렇게 국가가 적극적으로 나서겠냐는 것이다. 동원호를 비롯하여 선원 피랍은, 뉴스에 두어 번 나오다가 슬그머니 사라지는, 가십거리 정도였던 것이다. 지구를 떠돌며 일하는, 무인지대의 막막함을 삶의 질료로 하는, 파도 뚫고 수출품 실어 나르는 그들은 권력 집단에 속해 있지 못한다는 이유 하나로 그렇게 사각지대에서 살고 있었다.

그들의 쓸쓸함은 등대지기보다 더했다. 유럽에 갔다 오면 두 달 정도 걸린다. 한국에 와서도 집에는 못 간다. 광양, 부산에서 컨테이너를 내리고 실은 다음 바로 출발이다. 잠깐 동안 고국 땅 냄새 맡는 게 전부이다. 집이 바로 저긴데 들러 보지도 못하고 다시 망망대해로 나가는 심정이 어떨까.

비상조타와 화재진압, 퇴선훈련을 한 곳은 지중해였다. 땀 흘려 훈련을 마치고 맥주를 한잔 했는데 그들은 잠깐 동안 저 멀고 먼 한국 쪽으로 눈길을 주었다. 푸른 지중해가 두 눈 속에서 흔들렸다. "가족 생각나시죠?" 하고 내가 물었다. 그들이 답했다. "이별만큼은 아무리 해도 훈련이 안 됩디다."

그들은 지금도 파도 밀려오는 저 대양 곳곳에서 항해 중이다.

강한 사람이란 가장 훌륭하게 고독을 견디어 낸 사람이다. (쉴러)

# 공부를 하는 까닭

편집부

자로가 하루는 스승 공자에게 물었다. "스승님, 왜 힘든 공부를 해야 하나요?" 공자가 대답했다. "공부란 태평할 때 군인이 칼을 가는 것과 같다. 태평할 때 칼을 갈아 두지 않으면 갑자기 적이 쳐들어왔을 때 그들을 당할 수 없다. 공부도 앞으로 닥칠 세상살이에 미리 슬기롭게 대처하자는 것이다."

공자는 말을 이었다. "공부는 농부가 농사철이 닥치기 전에 우물을 파고 둑을 쌓고 농기구를 마련하는 것과 같다. 한가한 겨울철에 우물을 파 놓으면 가물어도 논밭에 물을 대고 짐승도 먹일 수 있다. 또 강가에 둑을 튼튼히 쌓으면 장마가 닥쳐도 걱정이 없다. 농기구를 미리 준비하면 봄에 삽과 괭이로 논밭을 갈아 씨앗을 뿌리고 호미로 김을 매고 낫으로 곡식을 거두어 큰 풍작을 맞을 수 있다. 공부에는 때가 있다. 어릴 때 기회를 놓치면 돌이키기 어렵다."

흔히 아이들은 공부를 하면서도 공부를 해야 하는 이유를 모르는 경우가 많다. 공부하라고 다그치는 부모는 많지만 왜 공부를 해야 하는지 설명해 주는 부모는 많지 않기 때문이다. 공자의 말처럼 공부란 앞으로 살날을 미리 준비하는 과정이며 그것이 우리가 인내와 끈기를 가지고 공부를 해야 하는 본질이다. 공자는 "소년은 늙기는 쉽지만 학문을 이루기는 어렵다. 한 치의 시간도 가벼이 하지 말라. 연못가 봄풀의 꿈이 깨기 전에 뜰 앞 오동잎이 가을을 알린다."라고 말하며 어릴 적 배움의 중요성을 강조했다. 아이들에게 공부하라는 잔소리보다 공자의 가르침을 마음속에 새겨 주는 것이 어떨까.

## 오늘의 생각

..........................................

..........................................

..........................................

..........................................

..........................................

..........................................

..........................................

..........................................

## 더 전념해야 할 때

"자네가 한 가지 결심을 하면 좋겠네. 스스로 할 수 있는 모든 걸 했다고 느껴질 때 목표를 향해 더 깊게 파고들겠다는 결심 말이야. 완전히 전념했다는 생각이 들었을 때가 조금 더 전념해야 할 때라는 걸 명심하게." 최선을 다했을 때 한 번 더 목표에 집중하라! (《코끼리를 들어 올린 개미》, 빈스 포센트)

# 21
수요일

## 내용 없는 편지

윤희상 님 / 시인

단풍은 설악산에서 시작하여 남쪽으로 하루에 25킬로미터씩 남하한단다. 가수 이동원이 부른 〈가을편지〉 같은 노래도 라디오에서 자주 듣는다. 아마, 가을이 편지 쓰기 좋은 계절인가 보다. 우정사업본부에 따르면, 요즘 개인들이 주고받는 편지는 일반 우편물의 약 5퍼센트에 불과하다고 한다. 이메일과 휴대전화 이용으로 편지가 그만큼 줄었다.

고등학교 3학년 어느 날, 하숙집으로 한 통의 편지가 왔다. 열어 보니 편지지 크기의 습자지를 정성껏 한 장 한 장 풀로 이어 붙였는데, 두루마리 형태로 길었다. 단지 보낸 사람의 이름만 쓰여 있을 뿐, 내용 없는 편지였다. 나는 안타깝고, 답답했다. 읽을 수 없는 편지에 답장을 보낼 수 없는 것은 당연했다. 그러다가 하숙집의 대학생 형이 나에게 말했다. "이 편지를 보낸 여학생이 너에게 하고 싶은 말이 너무 많아서 차마 그 사연을 다 담지 못하고 백지로 보낸 것이다." 하지만 그 많다는 사연은 끝내 알 수가 없었다. 다만, 추측할 수 있었던 사연이 전혀 없었던 것은 아니다. 나와 그 여학생이 사이좋게 지내고 있을 때, 남자 선배가 우리 둘 사이를 비집고 들었다. 그래서 세 사람은 이른바 삼각관계가 되고 말았다.

그로부터 여러 해가 지난 가을, 결혼할 나이가 된 여학생이 나를 찾았다. 다소 곳한 매무새로 그녀가 나에게 물었다. 아직 결혼할 생각이 없냐고 했던 것 같다. 나는 결혼은 생각해 보지도 못했다고 했다. 그녀에게서 부모님이 결혼을 권유하셔서 맞선을 보고 있다는 말을 들었다. 그날 그녀가 가는 곳까지 배웅해 주었다. 목적지에 이르러 그녀는 횡단보도 건너편으로 걸어갔다. 나는 손을 흔들고 싶었지만, 그녀는 뒤돌아보지 않았다. 이제 불러도 들리지 않을 만큼 멀어졌다. 나는 그녀의 뒷모습이 사라질 때까지 서 있었다. 거리는 스산했다. 그 뒤로 그녀를 다시 만나지 못했다. 그해 연말에 연하장을 보냈지만, 나는 답장을 받지 못했다. 그 무렵에 쓴 시가 다음의 〈시월〉이다.

"너를 버리면/ 무엇을 버리지 않을 수 있을는지 나는/ 걸어가다가 몇 번이나/ 주저앉아 버리고 싶었다/ 우리들 곁으로 겨울이 오기 전에/ 갑자기 비가 내리지/ 아마 사람들은 거리에서 젖어 있을 거야/ 이제 편지하지 말아다오/ 누가 지친 생활을 세 번 깨우기 전에는."

생에서 가장 위대한 일은 사랑하고 사랑받는 일이다. (영화 〈물랑루즈〉)

# 어머니도 여자입니다

김유자 님 / 인천시 남구 숭의4동

평생 일밖에 모르는 친정엄마가 몸이 안 좋아 병원을 찾으셨지요. 진찰 결과 엄마 몸속에 사과만 한 혹이 발견돼 서둘러 혹을 제거하는 수술을 했습니다. 병실 침대에 누워 계신 엄마를 보는 동안 참 많은 생각을 했습니다. 젊은 딸보다 덩치도 크고 힘도 세던 엄마는 어디 가고 그리도 작아지셨는지요. 시골에서 마치 일을 낙으로 아는 사람마냥, 몸 아낄 줄 모르고 자식을 위해 헌신하셨는데 마지막에 남은 것이라곤 아픈 몸뿐이었습니다.

엄마가 아파 누워 계신 며칠간 자식들은 많이 뉘우치고 깨달았습니다. 건강하실 때는 몰랐던 엄마의 고된 삶이 새삼 가슴에 와 닿은 것이지요. 두 집 살림하는 아버지 때문에 마음고생 숱하게 하셨을 우리 엄마. 그 탓에 남모르게 많은 눈물을 흘리고 더 가슴 아파하셨겠지요.

어느 날, 퇴원하기 위해 엄마 짐을 챙기다 그만 눈물을 쏟을 뻔했습니다. 엄마 가방 안에는 내가 쓰다 남긴 립스틱과 눈썹연필, 그리고 파운데이션 등이 들어 있었습니다. 평생 힘들게 일했으면서도 정작 자신을 위해서는 돈 한 푼 맘껏 쓰지 못하는 엄마를 생각하니 마음이 아팠습니다.

엄마 나이 예순아홉 살. 난 엄마를 그저 아무리 힘든 일이 있어도 꿋꿋하게 가족을 위해 헌신하는 여장부로만 보았습니다. 그러나 우리 엄마도 여자였습니다. 볼품없는 엄마 화장품을 하나하나 챙기는데, 가슴이 먹먹합니다. 이제 엄마 화장품을 모두 새것으로 사 드려야겠습니다. 우리 엄마, 딸이 사 준 새 화장품으로 예쁘게 화장하고 오래 사시길 바랍니다.

오늘의 생각

..........................................
..........................................
..........................................
..........................................
..........................................
..........................................
..........................................
..........................................
..........................................
..........................................
..........................................
..........................................
..........................................

## 모터 맘(Motor Mom)

자녀 교육에 아주 열성인 알파 맘(α- Mom)이 있다면 반대로 아이들의 적성과 호기심에 맞춰 자유롭게 키우는 베타 맘(β -Mom)이 있다. 여기에 '모터 맘'이 출현했다. 자동차 모터가 쉬지 않고 돌아가듯 자녀와 집, 심지어 애완동물까지 챙기느라 너무 바쁜 엄마로 본인을 위해서는 10분도 쓰지 않는다.

# 22 공익 조직의 통쾌한 반전
목요일

이소정 기자

1990년 소니, 도요타 등 기라성 같은 기업들을 제치고 '이즈모 시청'이 일본능률협회가 주최하는 마케팅부문 최우수상을 차지했다. 매해 독창성이 뛰어나고 매력적인 조직에게 주는 이 상을 지방자치 단체가 받은 것은 처음 있는 일이었다.

흔히 국가나 지방자치 단체를 비롯해 이들이 운영하는 학교, 병원 등을 가리켜 공익 조직이라고 한다. 말 그대로 공동의 이익을 위해 설립된 조직이다. 하지만 이익 창출을 목적으로 하는 기업에 비해 이 조직은 변화에 느려 비효율적인 조직의 대명사로 여겨졌다. 그러나 그 편견을 일본의 작은 도시 이즈모가 바꾸었다.

1989년 이즈모의 시장으로 취임한 이와쿠니 데쓴도는 도시 전체의 면적 80퍼센트를 차지하는 숲을 적극 활용했다. 우선 신축하는 모든 학교를 나무로 짓고, 나무노트 제도를 만들어 아이와 자연이 친근해질 수 있는 기회를 제공했다. 또 전화 한 통이면 가로수를 비롯한 모든 공공의 수목을 치료해 주는 나무의사 제도를 활성화시키고, 주유소를 재활용품 스테이션으로 만들어 한 해 1만 1천 그루의 나무를 절약했다. 이렇게 환경 중심의 정책을 적극적으로 시행한 결과 이즈모 시청은 각종 상을 휩쓸며 살기 좋은 도시 1위로 선정되는 영예를 차지했다.

이즈모가 지역의 자원을 적극 활용해 변화를 꾀했다면 1997년 스페인 빌바오는 '구겐하임 미술관'을 유치함으로써 무덥고 추한 광산 도시라는 오명을 벗고 연간 백만 명이 넘는 방문객이 찾는 세계적인 문화도시로 거듭났다. 더불어 침체됐던 경제도 살아났다. 어디 이뿐인가. 우리나라 장성군은 지난 10년 동안 계속해 온 '장성 아카데미' 교육을 통해 장성군 공무원들과 시민들의 경쟁력을 강화하여 많은 지방자치 단체가 벤치마킹 하는 모델이 되고 있다.

이렇게 새로운 변화를 시도하고 지속적인 노력을 거듭한 덕에 공익 조직들은 이제 혁신의 선구자로 자리매김했다. 공익 조직의 새로운 변화가 중요한 것은 이들의 서비스가 평범한 사람들의 삶과 밀접한 관계를 이루기 때문이다. 다시 말해 공익 조직의 긍정적인 변화는 시민들의 삶의 질과 만족도를 높인다. 가장 낙후된 조직이라는 편견을 넘어서는 공익 조직의 통쾌한 반전이 기대되는 것도 바로 이 때문이 아닐까. (참고: 《아름다운 혁명, 공익 비즈니스》, 세종연구원)

변화는 우리 사회를 쥐고 흔드는 가장 강력한 힘이다. 대부분의 사람은 그것을 두려워 하지만 지혜로운 사람은 두 팔 벌려 그것을 환영한다. (로빈 S. 샤르마)

# 잣은 높은 산에 있다네

편집부

조선 중종 때의 선비 정붕은 권문세가인 유자광과 외가 쪽으로 가까운 친척이었다. 하지만 대쪽같이 곧은 성품을 가진 정붕은 유자광이 워낙 간사하고 탐욕스러운 인물이라 멀리하고 싶었다. 하지만 친척 간에 가까이 살면서 모른 척할 수는 없는 노릇. 그래서 정붕은 간혹 하인을 시켜 유자광의 집에 문안 인사를 드렸는데, 꼭 하인의 팔을 삼 껍질로 만든 끈으로 꽁꽁 묶어 보냈다. 그렇게 한 덕분에 하인은 팔이 아파 유자광의 집에서 수다를 떨 겨를도 없이 곧장 집으로 돌아왔고, 집안에서 한 말이 밖으로 새어 나가는 것을 막을 수 있었다.

어느 날 그의 지혜로움을 소문으로 익히 들었던 중종은 정붕을 가까이 두려 했다. 하지만 정붕은 연거푸 높은 자리를 마다하고 마지못해 한가한 직위인 청송부사로 내려갔다. 정붕이 고을을 잘 다스리던 어느 날 평소 절친하게 지냈던 좌의정 성희안이 그에게 편지를 보냈다.

"청송의 토산물인 잣과 꿀을 보내 줄 수 있겠나."

편지를 읽자마자 정붕은 이런 답장을 써 보냈다.

"잣은 높은 산꼭대기에 있고, 꿀은 백성의 집 벌통 속에 있는데 제가 무슨 재주로 그것을 구해 드리겠습니까."

정붕의 편지를 읽은 성희안은 뒤늦게 염치없는 자신을 탓하며 잘못을 사죄하는 글을 보냈다. 하지만 정붕은 성희안의 편지를 받은 그날 부사 직무를 내놓고 곧장 시골로 내려가 더는 성희안이 그런 부탁을 할 수 없게 했다.

오늘의 생각

..........................................

..........................................

..........................................

..........................................

..........................................

..........................................

..........................................

## 조선 시대 신문 '조보'

조선에도 오늘날의 신문과 같은 '조보(朝報)'가 있었다. 왕이 내리는 명령, 관리들이 올리는 소장(疏狀) 등의 기사를 실어 지방 관서와 권문세가에 돌렸다. 선조 때는 민간에서 이를 본떠 매일 발간했는데, 선조가 이것을 보고 외국에 나라의 기밀을 알리게 될까 노해서 발행을 금지시켰다.

# 23
금요일

## 어느 스타의 와인 주문법

김일중 님 / 토크쇼 작가

이런 방식을 싫어하는 편이지만, 이 글만큼은 당사자의 이름을 밝히지 않는 것이 좋겠다. 이 톱스타는 앞으로도 와인을 주문해 마실 텐데 그 비법을 실명으로 공개했다가는 그의 삶에서 큰 재미 하나를 빼앗는 것일 테니까 말이다. 그는 술친구를 꽤 가리는 편이었다. 그의 막대한 재산에 기초한 초호화판 술자리를 상상하는 주변인의 기대와, 그저 말 통하는 후배들과 소주 한잔 기울이는 그의 취향 사이에 간극이 너무 컸던 것이다. 마침 그는 소박한 소주집 수다를 제법 즐길 줄 아는 엄선된(?) 후배 중 한 명이었던 나를 자주 술자리에 불러 주곤 했다.

그런데 오래전부터 소주만 고집하던 그가 언젠가부터 와인을 즐기기 시작한 것이다. 어느 와인바에서 함께 와인을 마시던 날이었다. 단골인 듯 주인과 친한 척을 하던 그가 메뉴판을 내게 내밀며 얘기했다. "네가 와인을 좀 알지? 먹고 싶은 걸로 주문을 해 봐." 그런데 메뉴판을 밀던 그의 집게손가락 끝이 특정 와인을 슬쩍 짚고 있었던 것이다. 칠레산. 가격 대비 맛 훌륭. 최근 가장 합리적인 대중와인으로 각광받고 있는 와인. 거꾸로 얘기하면, 술집 주인 입장에선 그다지 이문이 남지 않는 반갑지 않은 구색 맞추기 기본 메뉴인 셈이다.

다행히 내가 바로 눈치를 챘다. "정말요? 아, 그럼 요즘 제가 자주 먹는 걸로 주문을 할까요? 형님 취향에는 좀 미흡할 텐데, 이 칠레산 와인은 어떠세요?" 달갑잖은 표정의 사장을 보며 그가 받았다. "내가 뭐 와인을 아나? 이 친구가 먹자는 걸로 줘 봐요, 사장님." 주문이 끝난 뒤 그가 내게 속삭였다. "내가 주문하면 으레 비싼 걸 시킬 걸로 기대하거든. 근데 난 그 칠레 와인이 제일 맛있고, 가격도 적당하다고 봐. 똘똘하게 주문 잘했어, 하하."

글쎄, 돈 많은 부자의 쫀쫀한 처세라기엔 난 그의 와인 주문법이 너무 귀엽게만 보였다. 그렇게 하니 부자가 된 건지, 부자가 되면 그렇게 되는 것인지는 부자가 아닌 나야 알 수 없는 일이지만, 매사에 자신이 생각하는 합리적 가치 기준을 세워 두고 그걸 어떻게든 지키려고 노력하는 고집만큼은 지금도 가끔 기억이 난다. 주변을 불편하게 하지 않으면서, 스스로의 신념을 조용히 밀고 나가는 그의 세련된 처세가 단지 와인을 주문할 때만 발휘되는 건 아니지 싶다.

가난해도 족함을 알면 백만장자가 부럽지 않지만, 아무리 부유한들 걱정만 한다면 엄동설한같이 쓸쓸하기 그지없다. 《오셀로》, 셰익스피어)

# 남편의 여자친구

김명옥 님 / 경기도 용인시 송전리

오늘의 생각

어떤 옷을 입고 갈까. 옷장을 열고 아무리 뒤적여도 마땅히 입을 만한 옷이 없다. 아등바등 사느라 제대로 된 정장 한 벌 없는 것이 속상하다. 남편은 초등학교 시절, 짝꿍이었던 여자친구를 인터넷에서 찾아내고는 만나러 가자고 성화다. 혼자 가라고 하니 친구가 꼭 같이 나오라고 했다며 싫다는 나를 억지로 잡아끈다. 본인이야 맘이 설레겠지만 나는 기분이 유쾌하지 않다. 이 나이에 들뜰 수 있는 남편이 그저 신기할 따름이다.

자동차로 두 시간이나 걸리는 먼 거리. 살림하는 나로서는 기름 값이며 저녁 값을 계산하지 않을 수 없다. 이런 데 돈을 써야 하냐며 남편에게 바가지를 긁는다. 첫사랑은 마음에 두고 있어야 한다는 둥, 만나면 실망한다는 둥…. 남편은 "첫사랑은 무슨, 그냥 어떻게 변했는지 궁금해서 그러지." 하고 말한다.

약속 장소에 도착해 세련된 모습으로 인사를 건네는 남편의 여자친구를 보는 순간 조금은 주눅이 든다. 둘은 어느새 어린 시절로 돌아가 회포를 풀었고 난 이방인이 되었다.

집에 돌아오는 길 툴툴거리며 남편에게 이제 속이 시원하냐고 물으니 아무 말을 안 한다. 남편은 나를 물끄러미 쳐다보며 "그래도 옛날에는 우리 반에서 제일 예뻤는데 오늘 보니 당신이 조금 더 예쁜 것 같던데?" 하는 게 아닌가. 그 말이 진심인지 아닌지는 모르겠으나 여하튼 입이 벌어지며 속 좁게 질투의 화신이 되었던 내가 부끄럽게 여겨진다. 쑥스러운 나는 남편에게 말한다. "오늘 돈 많이 썼으니까 앞으로 용돈 받을 생각하지 말아요!"

## 엠니스족

남성 직장인 중 패션, 가사, 육아 등 여성의 긍정적인 특성을 갖추고 가정 일에도 적극적인 사람을 가리킨다. 엠니스(M-ness)족은 남성을 뜻하는 영어 'Man' 의 'M' 에다 성질, 상태를 나타내는 접미사 'ness' 를 붙인 신조어로 남성의 특징에 여성적인 요소를 잘 조화시킨 남성상을 뜻한다.

# 사랑이란 못과 같은 것

이규경 님 / 만화가

사랑이란 못과 같아서
박을 때보다는

뺄 때가 더 힘들지요

또 힘들게 못을 빼더라도

못은 구부러지고 뺀 자리에는
구멍이 남지요

사랑이란 못과 같아서
박을 때 구부러지지 않게
잘 박아야겠어요

그리고 한 번 박은 못은
뺄 생각을 하지 말아야
겠어요

# 데이빗을 그리워하며

박명혜 님 / 미국에서

꽃향기가 진동하던 봄날로 기억합니다. 'St. Mary 가톨릭 묘지'엔 그날따라 많은 풍선이 날리고 있었습니다. '축제라도 열린 것일까.' 나도 모르게 묘지로 차를 몰았습니다. 평안하고 따스했습니다. 어느 묘지 주인의 생일을 축하하는 풍선이었습니다. 풍선 옆에 둘러선 사람들은 참 행복해 보였지요. 그 뒤 나는 가끔 그곳에 들러 산책 삼아 걷기도 하고, 돌아가신 할머니할아버지를 생각하기도 했습니다.

그러던 어느 날 할아버지 한 분이 인사를 건네며 누굴 만나러 이곳에 오느냐고 물었습니다. 볼 때마다 내가 다른 장소에 멈추기에 어떤 사람일까 무척이나 궁금했다면서요. 할아버지의 이름은 데이빗, 먼저 간 부인 제니퍼를 만나러 날마다 묘지에 들른다고 했습니다. 그저 하루의 일과처럼…. 아침 인사 겸 들러 커피를 마시고 돌아가기도 하고 손자들과 함께 오기도 한답니다.

이후에도 데이빗을 몇 번 더 만났습니다. 특히 기억나는 건 데이빗이 할로윈 데이에 나를 집으로 초대한 일입니다. 그날 데이빗은 제니퍼가 생전에 특별한 날이면 만들었다는 초콜릿을 주었습니다. 달콤한 맛이 그의 미소만큼 오랜 여운을 남겼습니다. 얼마 뒤난 이사를 했고, 데이빗과도 그렇게 헤어졌습니다.

얼마 만이었을까요? 오늘 고속도로가 막히는 바람에 타게 된 그 길에서 묘지를 찾게 되었습니다. 마치 약속 장소에 나가는 것처럼 설레기만 했습니다. 이곳저곳 두리번거리며 한참을 헤매 그를 찾았습니다. 데이빗은 어느 날처럼 제니퍼 할머니 옆에서 활짝 웃으며 나를 기다리고 있었습니다.

## 오늘의 생각

........................................

........................................

........................................

........................................

........................................

........................................

........................................

........................................

........................................

........................................

........................................

........................................

## 몽블랑의 펜촉

몽블랑 만년필은 인체 공학적인 설계에 따라 제작됐는데, 가장 뛰어난 것은 펜촉이다. 이는 금을 사용해 150여 단계의 공정을 거쳐 만들어진다. 지금도 독일 함부르크의 장인들만 만든다는 펜촉은 한 자루 만드는 데 6주 걸린다. 펜촉에 새겨진 숫자 '4810'은 유럽 알프스의 최고봉인 몽블랑의 높이다.

# 아버지, 당신을 떠올리면…

김혜민 님(가명) / 경북 포항시 죽도2동

내가 중3 때 바람피우다 들킨 엄마는 아빠에게 이혼해 달라고 요구했지만 아빠는 이혼만은 안 된다고 버티셨습니다. 그러자 엄마는 소송을 냈고 결국 부모님은 이혼하셨습니다.

그 뒤 아빠는 어린 남매를 잘 키우기 위해 정말 많이 노력하셨습니다. 직장에 다니면서도 나와 동생의 도시락을 싸 주고, 퇴근해 집에 돌아오면 몇 가지 반찬을 만들어 저녁상을 차려 주셨지요. 하지만 밤만 되면 아빠는 눈에 아른거리는 엄마 얼굴을 지우기 위해 술을 들이켜야만 주무실 수 있었습니다.

아빠가 마음고생을 너무 많이 하신 탓일까요? 그로부터 3년이 지난 어느 날 아빠는 소화가 잘 안 된다며 위장약을 드시기 시작했습니다. 그리고 얼마 안 가 구토와 복통까지 호소하셨지요. 나는 아빠까지 잃을까 봐 너무 무서워 서둘러 아빠를 모시고 병원에 갔습니다. 아빠는 위암 3기였습니다. 다행히 암세포 제거 수술은 잘 됐지만 돈이 문제였습니다. 이혼 소송 비용과 엄마에게 준 위자료 때문에 가진 돈이 얼마 없었죠. 고맙게도 우리 소식을 들은 친척 분들이 돈을 모아 수술비를 마련해 주셨습니다.

고3이던 나는 대학 진학을 포기하고 일을 하며 생활비를 벌었습니다. 그런 나를 안쓰러운 눈길로 바라보시던 아빠는 아픈 몸을 회복하기도 전에 하루 3시간만 자며 택시 운전을 하셨습니다. 얼마 뒤 나는 가족 곁을 떠나 직장생활을 하게 되었고 한동안 힘들고 바쁘다는 이유로 아빠와 동생에게 신경을 못 썼습니다.

하루는 주말에 집에 가 보니 웬 독촉장이 와 있었습니다. 알고 보니 같은 회사에서 일하던 한 택시 기사 분이 아빠에게 다급하게 돈을 빌려 달라고 했답니다. 하지만 아빠가 가진 돈이 없다고 말하자 보증이라도 서 달라고 애걸복걸하더랍니다. 결국 마음 약한 아빠는 그분을 믿고 보증을 서 주셨죠. 그런데 기사 분은 돈을 갚지 않았고, 그 많은 빚은 고스란히 아빠 몫으로 떠넘겨졌습니다.

아무 대책없이 시간이 흐르다 어느 날 갑자기 사촌에게서 문자메시지가 왔습니다. "너희 아버지 돌아가셨다." 장난인 줄 알고 통화 버튼을 눌렀습니다. 그러나 전화를 받은 고모는 경찰이 아빠 시신인지 확인해 달라고 전화했다는 소식을 전해 주셨습니다.

병원으로 달려갔습니다. 제발 그 시신이 아빠가 아니기를 간절히 바랐지만 하얀 천을 걷어 내자 싸늘한 아빠의 얼굴이 눈에 들어왔습니다. 동생이 군대 간 사이 텅 빈 집에 혼자 남아 심한 스트레스를 받던 아빠는 위암이 재발했고, 밤새 엄청난 피를 토하다가 세상을 떠나신 것이었죠. 아빠가 출근을 하지 않아 우리 집에 와 본 동료 분이 아빠 시신을 발견하고 경찰에 연락했던 것이고요.

그런데 아빠의 명을 재촉한 게 보증으로 생긴 빚 때문이란 걸 알고 얼마나 화가 치솟던지요. 아빠 동료 분들의 말씀을 들어보니 돈을 빌려 달라고 했던 그 사람, 정말 파렴치했습니다. 다급하게 돈을 빌려 달라고 부탁했던 이유가 고작 도박과 바람난 여자와의 도피 생활을 위한 자금을 마련하기 위해서였습니다.

장례를 치르는 동안 나는 그 파렴치한 택시 기사가 아빠에게 용서라도 빌러 올 줄 알았습니다. 그러나 웬걸요. 장례식장에 오긴 왔는데, 아빠 영정 근처에 와서 절을 하기는커녕 택시 운전하다 배가 고파 밥 얻어먹고 화투를 치러 왔답니다. 뻔뻔하게도 그 기사는 화투를 쳐서 돈까지 벌어 갔다더군요. 정말 어처구니가 없었습니다.

아빠가 돌아가신 지 9개월이 흘렀지만 지금도 나는 아빠가 다니시던 택시 회사 이름만 보면 가슴이 미어집니다. 또 5천만 원이 넘는 큰 빚을 우리 남매에게 떠넘긴 채 거기서 버젓이 일하는 못된 택시 기사가 떠올라 치가 떨립니다. 하지만 언제까지나 그 일을 떠올리며 가슴 아파할 수는 없겠지요. 아빠는 우리가 행복하게 잘살기를 바라실 테니까요. 아빠, 약속할게요. 이제 더는 과거에 연연해 슬픈 나날을 보내지 않고 미래를 향해 나아가겠다고요. 아빠 사랑해요.

마음의 상처를 이겨 내고 '그러나' 다시 희망을 꿈꾸는 좋은님의 사연을 기다립니다. 원고지 15~20장 혹은 A4 용지 2장 분량으로 적어 보내 주세요. 채택된 분에게는 50만 원을, 어려움에 처한 다섯 분에게는 10만 원을 전해 드립니다. 가명으로 실릴 수 있으니 이름과 주소, 전화번호를 정확히 적어 주세요.

**Q** 엄마는 주변 모든 사람에게 "당신이 최고다."라는 말을 듣고 싶어 하십니다. 당신의 몸을 힘들게 해서라도 공치사만 들을 수 있다면 괜찮지요. 반대로 조금이라도 자신에 관해 부정적인 말이 들리면 못 견뎌 하시니 주변 사람들이 너무 힘듭니다. 또한 모든 사람이 엄마에게 의지하길 바라십니다. 어쩌면 좋을까요?

서연진 님(가명), 30대 중반, 여

 가장 큰 원인은 열등감과 관계가 있습니다. 정도 이상으로 강한 척하거나 착한 척하는 것도 열등감이 원인이기 때문입니다. 물론, 열등감이 없는 사람은 없습니다. 하지만 열등감이 심한 사람은 남에게 최고로 보이고자 안간힘을 쓰고 혹시라도 상대방이 내 본래의 못난 모습을 알게 될지도 모른다는 불안감이 매우 큽니다. 어머니가 부정적인 말을 듣는 걸 못 견뎌 하시는 이유도 열등감과 불안감이 원인이 아닌가 합니다.

이들의 또 다른 특징은 언제 어디서나 희생자 모드를 가동한다는 것입니다. 어머니가 당신의 몸을 힘들게 해서라도 공치사를 들을 수만 있다면 괜찮다고 하셨는데, 그것이 바로 스스로 희생자 역할을 떠맡는 사람들의 전형적인 모습입니다. 그런 타입은 사람들이 자신에게 의지하지 않을 수 없도록 교묘하게 조종의 심리를 이용하곤 합니다. 그러면서 언제나 "당신이 최고이고, 당신이 없으면 우린 살아갈 수가 없다."는 말을 듣고 싶어 하는 것입니다.

그런 경우, 젊은 분이라면 훈련과 노력으로 어느 정도 자신을 변화시킬 수 있습니다. 그러나 어머니는 이미 연세가 드신 만큼 변화하기를 바라기는 어려울 듯싶습니다. 그러므로 이렇게 해 보면 어떨까요? 어머니가 칭찬과 공치사를 바라시면 그냥 해 드리는 거예요. 그 대신 내 편에서 왜 어머니가 그런 행동을 하시는지 이해하고 있으면 속이 덜 상할 것입니다.

부모님이 연세 드시면 일부러 영양제나 보약이라도 챙겨 드리는데, 어머니께는 칭찬이 보약이라고 생각하는 것도 한 방법이 아닌가 합니다. 그렇게 마음을 바꿔서 어머니가 원하시는 대로 "어머니가 최고이고 우리 모두 어머니가 없으면 안 된다."고 하는 거예요. 지금까지는 어머니의 행동이 이해되지 않아서 짜증스러운 마음으로 그런 얘기를 해 드렸다면 이제부터는 흔쾌한 마음으로 해 보세요. 아마도 우선 내 편에서 화가 덜 나고 마음이 편안해질 거예요. 내 편에서 마음을 바꾸어 조금이라도 마음고생을 더는 것이 가장 나은 길이 아닌가 합니다.

해결하기 힘든 마음의 고민을 원고지 3~4장 분량으로 적어 **편집실**로 보내 주세요. '양창순 신경정신과 대인관계 클리닉'을 운영하는 **양창순 님**이 따뜻하게 상담해 드립니다 (격월 진행).

내가 골랐다가 내려놓은 옷을 다른 사람이 재빨리 가져가며 만족스러워할 때, 갑자기 그 옷이 몹시 사고 싶어진다!

박경화 님 / 경기도 오산시 가수동

똑같은 임산부인데도 내 배는 똥배마냥 조금 나와 버스나 지하철을 타도 좀처럼 자리 양보를 받기 힘들다.

박보경 님 / 경남 진해시 풍호동

학교에서 조별 숙제 주제를 고를 때 가장 쉬운 걸 맡았다고 생각했는데, 막상 해 보면 다른 아이들 것이 더 쉬워 보인다!

김수진 님 / 강원도 원주시 명륜1동

중국집에서 자장면을 먹으면, 꼭 남이 시킨 짬뽕이 더 먹음직스럽다. 짬뽕을 주문한 날 자장면이 더 맛있어 보이는 것처럼.

김미영 님 / 서울 양천구 신정3동

## 남의 떡이 더 커 보이던 순간

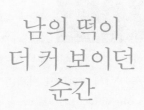

여름휴가는 모두 똑같이 5일. 하지만 이미 휴가를 다녀온 내게는 뒤늦게 쉬는 동기들의 휴가가 더 길어 보인다.

신재형 님 / 대전시 서구 둔산2동

분명 같은 옷인데도 내가 입으면 초등학생처럼 보이고, 키 크고 몸매 좋은 여자가 입으면 섹시해 보인다.

박희진 님 / 인천시 부평구 부평6동

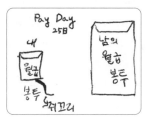

동료의 월급은 나보다 많아 보이고, 일도 안 하는 것 같은 상사 월급은 어마어마하게 많은 것 같다. 난 늘 마이너스 인생….

이진영 님 / 서울 강남구 역삼동

군 생활 때 교회에서 초코파이를 받았는데, 같이 온 동기의 초코파이가 더 커 보여 탐이 났다. 그땐 너무 배가 고팠다.

김민호 님 / 경기도 포천시 자작동

# 아침밥을 챙겨 주는 천사들

## -나눔누리회

초등학생 시절, 키가 작았던 나를 안쓰럽게 여기던 엄마는 내가 책가방을 메고 쏜살같이 달려 나갈 준비를 하면 뒤따라 나와 늘 "한 숟가락만 더 먹고 가." 라고 말씀하셨다. 그땐 그것이 행복에 겨운 일인 줄도 모르고 귀찮은 듯 고개를 절레절레 흔들었다. 그때마다 엄마는 "아침밥을 먹어야 공부도 잘된다."고 귀에 못이 박히게 말씀하셨다. 그저 잔소리려니 여기던 그 말은 최근 과학적으로 증명되어 기사화되곤 한다. 생각해 보면 굳이 '아침밥이 뇌의 기능을 활성화시킨다.'는 과학적 이론을 들먹이지 않더라도 이제는 엄마의 사랑과 정성이 담긴 든든한 아침 한 끼의 힘을 이해할 수 있을 듯하다.

이런 엄마의 사랑을 아이들에게 전하고자 새벽같이 일어나는 사람들이 있다. 1993년 서울 강서구 가양동의 통장님들이 모여 만든 봉사 모임이 발전하여 올해 초 '나눔누리회'라는 이름을 얻었다. 40여 명의 회원들은 지역 발전을 위해 다양한 활동을 하는데 그중 대표적인 것이 바로 결식아동들의 아침밥을 챙겨 주는 일이다. 아파트 관리사무소에서 일하며 주민들과 만나 온 회장 김규철 님(60세)은 편부모 혹은 부모가 없는 아이들이 아침밥을 못 먹고 학교에 간다는 사실을 알게 되었다. "그나마 점심은 학교 급식으로, 저녁은 복지관을 통해 해결할 수 있지만 아침을 챙겨 주는 사람은 없었죠. 한창 자라나는 성장기 어린이들이 버짐 핀 얼굴로, 비실비실 학교에 다니는 모습이 안쓰러워 이 일을 시작하게 됐습니다."

지역 축제나 일일 찻집과 같은 뒤뜰 카페를 열어 그 수익금으로 봉사를 하는 회원들은 대부분 회사에 다닌다. 하지만 그들은 날마다 일터에 가기 전 결식아동들이 다니는 초등학교에 들러 맛있는 밥상 차리는 일을 거르지 않는다. 학교에서 따로 마련해 준 빈 교실에 모여 50명의 아이들이 오순도순 아침을 먹다 보면 마치

한 가족처럼 웃음꽃이 피고 어느새 고픈 배는 물론 엄마아빠에 대한 그리움으로 텅 빈 마음 또한 따뜻하게 채워진다. "처음에는 쭈뼛쭈뼛 와서 말도 없이 먹기만 하던 아이들도 이제는 먼저 오늘 메뉴가 뭔지 물어보거나 두 손으로 음식을 받으며 '감사합니다.' 라고 말해요." (구선옥 님, 51세)

아침밥을 굶고 학교에 나왔던 아이들은 기운이 없어서 엎드려 있거나 담임선생님이 사 주시는 컵라면으로 대충 허기를 달래곤 했다. 그런 아이들은 유난히 폭언을 일삼고 친구들과 다투는 일이 많았는데, 이들이 챙겨 주는 아침밥을 통해 누군가에게 관심받고 있다는 걸 느끼면서 차츰 공손해지고 예의 바른 모습으로 변해갔다. "아이들이 좋은 쪽으로 변하는 모습을 볼 때마다 얼마나 뿌듯한지 몰라요. 집에서 아침을 먹는 것처럼 음식은 반드시 접시에 담아 주고, 대화나 스킨십을 통해 마음까지 나누려고 노력해요." (차애숙 님, 49세)

물론 시간적 여유가 부족해 직접 음식을 만들지는 못한다. 김이 모락모락 나는 밥에 따뜻한 국은 아니지만 '그날 아침에 만든 음식만을 제공한다.'는 원칙으로 꼼꼼하고 까다롭게 업체를 선정하여 음식을 주문한다. 요일별로 김밥, 샌드위치, 시리얼, 주먹밥 등을 제공하고 있는데 영양과 아이들의 식성을 함께 고려해야 하기 때문에 식단을 짜는 것이 쉽지 않다. "얼마 전에는 성장기 아이들에게 아침밥으로 이런 음식들이 괜찮을까 걱정스러워 세브란스병원의 영양학 교육팀 원장님을 모시고 워크숍

을 열기도 했어요." 나눔누리회와 함께 결식아동들을 지원하는 연세대학교 가양4종합사회복지관의 정성원 과장(34세)은 좀 더 맛있고, 몸에 좋은 아침을 제공하기 위한 회원들의 노력이 정말 대단하다고 말한다. 학교 측도 자신들이 해야 할 일을 대신하고 있다며 고마운 마음을 숨기지 않았다.

아직은 나눔누리회의 도움을 받는 아이들이 가양2동의 50명 아이들로 한정돼 있지만 앞으로 더 많은 결식아동들에게 아침밥을 제공할 수 있도록 힘쓸 계획이다. 나중에 아이들이 커서 그들이 받은 사랑의 10퍼센트만이라도 사회에 환원한다면 그것으로 만족한다며, 이 일은 힘이 들어도 힘이 나는 일이라고 말하는 나눔누리회 사람들. 그들이 아이들에게 아침마다 주는 것은 따뜻한 한 끼의 식사 그 이상의 가치를 지닌 부모의 마음이며 사랑이다.

글 / 장민형 기자

\* 〈나눔누리회〉에서 함께 봉사하며 따뜻한 마음을 나눠요. (www.hjboom.or.kr)

## 11월 다섯째 주

25 일

26 월

27 화

28 수

29 목 음 10. 20

30 금

# 어머니 무릎뼈

어머니 무릎뼈 사이로 가을이 온다.
입추에 풀벌레 뚜두뚝 울고
앉고 일어설 때면 사뭇 찬바람은
아휴 아휴 분다.

이만치를 도려냈으면 좋것서야
뭣이 여기에 들어서 이렇게 아프다냐
들기는 뭐가 들어요.
고것이 다 자식들이 갉아먹은 거지
얼굴 숙이며 한마디 거들자
아녀, 오면 가야 허는디 고것이 가장 걱정이여
자식들 속 썩이지 말고 퍼뜩 가야 허는디

그 오지게 아픈 다리로
중추절에 금강산 구경은 꼭 가야 한다는 어머니
무릎뼈가 아파도 기어서라도 갈 수 있다는,
자식이 구경시켜 주는디 뭣이 문제다냐


온용배 님

'갉아먹다.' 라는 표현에 마음이 불편해집니다. 빚진 것이 많은데도 자식들은 은혜를 등지고서 세월을 삽니다. 이것을 깨닫기까지 어머니의 무릎은 계속 닳아 갑니다. 어머니의 무릎은 자식들을 껴안아 들거나, 둘러업는 데 사용됩니다. 늙은 어머니의 무릎에는 이제 모래가 한 줌 들어 있나 봅니다. 모래 바람이 부는 것처럼 쑤시고 시리다고 합니다. 어머니의 무릎을, 그 무릎 주름을 무심코 본 적이 있습니다. 옹이가 가득했습니다. 귀가 깨어져 나간, 빛바랜 기와 조각 같았습니다.                                              문태준 님 / 시인

좋은님의 자작시를 편집실로 보내 주세요. 한 달에 한 편씩 좋은 시를 뽑아 정성껏 싣겠습니다. 문의 (02) 330-0377

# 25
## 일요일

# 세월 따라 새 의미를 발견하는 책

주미사 님 / 동덕여대 교양교직학부 교수

학생들에게 '내 인생의 책'을 말해 보는 것으로 자기소개를 대신하게 하는 내가 막상 이런 글을 쓰려니 막막하기만 하다. 다만 내 전공을 선택하게 하는 데 큰 영향을 주었고, 가장 여러 번 읽었던 책을 말할 수는 있다. 그건 바로 카뮈가 쓴 《이방인》이다.

"오늘 엄마가 죽었다. 아니 어제인지도 모른다." 첫 구절부터 이 책은 내 머리를 망치로 치는 듯했다. 당시 나는 겉으론 세상 근심 없는 명랑한 모범생이었지만 속으로는 대단한 삐딱이였다. 학교나 사회의 전체주의 문화뿐 아니라 이러저러하다고 부과한 감정과 사고의 표현들을 모두 회의하고 있었다. 그러던 내게, 자신이 느끼는 것 이상을 절대 이야기하지 않고, 관례대로의 공식에 따라 행동하지 않는 뫼르소의 면모는 너무도 매력적으로 다가왔다. 이 책이 갖고 있는 사형제도에 대한 문제 제기 등 여러 주제들을 성찰해 보기도 전에 무엇보다 이렇게 뫼르소의 '후레자식' 같은 태도에 열광했으니 내 독서는 말 그대로 주관적 독서의 전형이었다.

그러나 이 글을 쓰기 위해 이 책을 다시 읽으니 전혀 다르게 다가온다. 그 사이 나는, 내 삶의 조건은 많이 달라졌다. 한 아이의 엄마가 되었고, 무엇보다 어머니를 잃었다. 나도 뫼르소 같을 줄 알았는데, 한 방울 눈물이 나오지 않기는커녕 사람의 눈에서 이렇게 많은 눈물이 그것도 이렇게 몇 년 동안 나올 수 있는 게 신기할 만치 서럽게 울었다. 나는 절대 뫼르소 같은 사람이 아니었던 게다.

그렇지만 《이방인》은 여전히 매력적이다. 이제 나는 첫 구절에 반응하기보다는 뒤에서 뫼르소가 죽음 직전에 다시 살아보고 싶다는 강한 욕망을 품는 점에 주목하게 되었다. 이 세상에 설령 아무 목적과 이유 없이 내던져졌다 하더라도, 인간은 죽어야 할 운명 앞에서도 역설적으로 더 강렬하게 삶을 지향하는 존재임을 느끼게 되었다. 만약 사람 사이에 연대가 있을 수 있다면 바로 이것, 죽음 앞에서 살고 싶어 하는 존재라는 공통점에서 시작되어야 하는 것이 아닐까 싶어졌다.

세월이 가면 모든 것이 변하고 '내 인생의 책'도 변한다. 어쩌면 지금 감동받으며 읽는 좋은 책이 있을 뿐이다. 좋은 책은 읽을 때마다 전혀 다른 의미를 새록새록 발견하게 해 준다. 내게는 바로 《이방인》이 그런 책이다.

🌰 몇 번이고 되풀이해 읽을 수 있는 책을 가진 사람은 행복한 사람이다. (몽테를랑)

# 미안하다 친구야

김해연 님 / 대전시 유성구 송강동

우리 동네 학교를 두고 나는 이웃 동네 초등학교에 입학했다. 학교 갈 때 같이 갈 친구가 없어 늘 어깨가 축 처져서 다녔다. 그런데 3학년에 올라가서는 우리 집 근처에 사는 친구를 사귀게 됐다. 그 친구는 한쪽 눈의 시력을 잃은 아빠, 그리고 언니, 남동생과 함께 다 기울어 가는 판잣집에서 살았다. 우리는 금방 친해졌고 둘도 없는 사이로 발전했다.

비가 몹시 내리던 날, 난 어김없이 슈퍼 앞 길모퉁이에서 친구를 기다렸다. 하지만 친구는 나타나지 않았다. 기다리다 못한 나는 언덕배기를 끙끙거리며 올라 시커먼 합판 문을 두드리며 친구 이름을 불렀다. 한참 뒤에야 문이 열렸고 친구의 얼굴은 도둑고양이처럼 얼룩져 있었다.

"학교 안 가?" "오늘 못 가. 혼자 가." 몇 마디 던진 친구는 문을 닫으려고 했다. 문 사이로 보이는 방은 군데군데 떨어지는 시커먼 물을 받는 그릇들로 어수선했다. 철없던 나는 학교에 와 그 이야기를 마치 재미난 영화라도 본 듯 아이들에게 떠들어 댔다.

며칠이 지나 학교에 온 친구에게 반 아이들은 판잣집에 산다며 수군거렸다. 또 그 실마리를 제공했던 나도 슬그머니 그 아이와 멀어졌다.

세월이 지나고 우연히 그 친구를 만나게 되었다. 학원 앞에서 기다리던 엄마 차를 타려는 순간, 누군가 내 어깨를 툭 치고 지나가는 것이었다. 소위 노는 애들 틈에 그 친구가 섞여 있었다. 나는 아는 척도 못하고 차에 올랐다. 그때라도 미안하다고 사과했어야 했는데…. 내 친구 미연아, 나의 철없던 행동을 뒤늦게나마 사과할게. 날 용서해 줄 수 있겠니?

## 오늘의 생각

........................................
........................................
........................................
........................................
........................................
........................................
........................................
........................................
........................................
........................................
........................................
........................................

## 고등어는 누구에게나 좋을까?

고등어, 꽁치 등 등이 푸른 생선에는 EPA와 DHA라는 불포화지방산이 풍부하게 들어 있어 우울증이나 심장병 치료에 좋다. 그러나 천식 약을 먹는 어린이에게는 오히려 독이 된다. 등 푸른 생선 속에 알레르기를 일으키는 히스타민이 함유돼 천식이나 알레르기를 더 악화시킬 수 있기 때문이다.

# 부끄러운 일방통행 언어

**26**
월요일

한승오 님 / 농부

한 마을에 사는 벙어리 아저씨. 그는 아주 어린 시절 열병을 심하게 앓은 뒤부터 귀가 먹었다고 한다. 얼마 전부터 그가 나를 찾아와서는 뭐라고 말을 하곤 했는데, 나는 그게 무슨 뜻인지 전혀 이해할 수 없었다.

"웨~" "웨~" 외마디 소리를 지르면서 두 손으로 자기 턱 밑에 수염 모양을 만들며 나에게 손을 내민다. 수염을 만들 때는 근엄하게 인상을 찡그리더니 손을 내밀 때는 슬쩍 웃음을 던진다. 이게 무슨 뜻인가? 내가 고개를 갸웃갸웃하니, 답답했는지 다시 "웨~" "웨~" 소리를 치며 한 손을 빙빙 돌리고 집 뒤 솔밭 너머 어디를 가리킨다.

그는 나를 만날 때마다 이 동작을 반복했다. 그의 언어는 지극히 단순했지만, 나는 그것을 늘 이해하지 못했다. 마치 복잡한 암호를 마주한 듯. 수염과 찡그린 인상은 어떤 사람을 가리키나? 내미는 손과 웃음은 분명 나에게 뭔가를 달라는 뜻인데…. 빙빙 돌리는 손은 어떤 기계를 돌리는 폼이 틀림없고. 손으로 가리키는 솔밭 너머, 거기에는 뭐가 있지? 며칠을 곰곰이 생각해 보았다.

아하, 올해 논에 물을 대느라 그의 펌프를 썼지. 그래서 손을 빙빙 돌리며 기계를 돌리는 폼을 지었군. 맞아, 그 논은 바로 저 솔밭 너머에 있어. 그 펌프 돌리는데 쓰인 전기 값을 줘야 하는군. 그래서 손을 내밀었어. 그런데 수염은 뭐지? 아, 만 원권 지폐에는 세종대왕, 오천 원권에는 율곡, 천 원권에는 퇴계. 이들 모두 수염을 기르고 근엄한 표정을 짓고 있지. 그래서 인상까지 찡그려 가며 수염을 그렸군. 결론적으로 "자기 펌프를 썼으니 그 사용료를 달라!" 바로 이 말이었군.

생각해 보면, 그의 손짓은 전달하려는 형상과 의미를 절실하게 그려 냈다. 더욱 이 손짓에 따라 얼굴 표정을 순식간에 바꾸는 그의 표현력은 상대의 반응에 민첩하게 대응했고 섬세했다. 그의 언어는 서로 의사소통을 하기에 충분했다. 반면에 불쑥불쑥 튀어나온 나의 언어는 그의 절실함을 깡그리 뭉개 버리는 것이었다. "무슨 말이에요?" "아 참, 답답하네." "그냥 집으로 돌아가세요." 그의 등을 돌려 세울 뿐인 나의 언어들. 그 얼마나 일방통행인가. 벙어리 아저씨에게 돈을 건네던 날, 나는 그를 똑바로 쳐다보지 못했다. 일방통행로를 마구 내달리는 나의 언어, 그래서 더욱 부끄럽고 무력한 언어.

진실된 말은 꾸밀 필요가 없기 때문에 쉽게 읽힌다. (장정일)

# 가슴을 울리는 선율

1984년인가? 워커힐 미술관에서 일본의 샤미센 연주자를 초빙해 콘서트를 가졌다.

나이가 일흔은 넘었을 그 연주자는 시각 장애인이었다.

노인의 고향은 일본 북부의 어느 탄광지대인데 그곳에는 많은 시각 장애 연주자들이 있다고 했다. 그 이유는 바람이 불어 탄가루가 날아와 유아들의 눈에 들어가면 자꾸 눈을 비비게 되고 이로써 안질이 생기고 시력을 잃는 경우가 많기 때문이다. 어려서 시력을 잃게 되면 생계를 위한 구걸 수업을 받게 되는데, 그것이 현악기인 샤미센과 노래를 배우는 일이다. 그러면 노래로 구걸을 하는 것이 이들의 평생 직업이 된다. 주민들은 그들을 박대하지 않았다. 어느 집이나 눈병을 앓는 사람이 있으므로.

이러한 배경을 지니고 있기에 만치 노인의 음악에는 설득력이 있었다. 노인은 샤미센을 연주하며 〈아리랑〉을 불렀다. 순간, 나는 눈물이 왈칵 쏟아지려는 걸 참았다. 장내는 숙연해졌다. 노인의 〈아리랑〉은 외국에서 내한한 연주자가 청중 서비스 차원으로 연주하는 어설픈 〈아리랑〉이 아니었다.

어릴 적 시력을 잃은 그에게 들려온 노래가 〈아리랑〉이었다. 전쟁 준비를 위해 일본으로 끌려온 조선의 노동자들이 저녁이면 부르던 노래…. 어린 그는 이 노래가 조선 민요인 줄도 모르고 자연스럽게 습득했고 기구한 운명이 공통분모가 되어 문전걸식을 하는 기본 레퍼토리로 삼았다. 이렇게 〈아리랑〉은 일본 민속음악의 모습으로도 세계인의 가슴을 울리는 선율이 되었다.  《흔들리거나 반짝이는》, 김진묵, 정신세계사

오늘의 생각

.............................

.............................

.............................

.............................

.............................

.............................

## 졸음을 깨우는 우스개

조선의 선비들은 우스개 책이라도 즐겨 읽었다. 우스개 책이라도 읽어 낮잠을 쫓는 게 낫다고 여겼기 때문이다. 책 제목에서도 그 효과를 알 수 있다. '잠을 막는 방패'라는 뜻의 《어면순(禦眠楯)》, '잠을 막는 새로운 이야기'라는 《어수신화(禦睡新話)》, '잠 깨우는 글'이라는 《파수록(破睡錄)》 등이 그것이다.

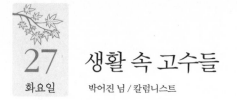

# 27

**화요일**

# 생활 속 고수들

박어진 님 / 칼럼니스트

　새로 가입한 동네 여성 모임, 첫 미팅이다. 호구 조사 스타일로 여덟 명이 자기 소개를 하고 나니, 그날의 주제는 '우리 몸 바라보기' 란다. 잠실에 사는 주부 김 선생님, 병약한 덕분에 자기 몸을 '생체실험' 하면서 체득한 지식과 지혜를 아낌없이 나눠 주신다. 우선 "의학은 전능하다."는 세뇌와 "여성의 몸은 비정상이다."는 전제가 한낱 미신임을 나직하지만 힘 있는 목소리로 말씀하신다. 임신과 출산이라는 과업을 위해 정교하게 설계되고 작동하는 여성의 몸은 남성 주도의 의학계에서 오랫동안 비하와 몰이해의 대상이었다는 설명에 모두 공감한다.

　이야기는 우리 내부의 자연 치유력을 어떻게 날마다 먹는 '착한 음식' 을 통해 키울 것인가에 초점이 맞춰졌다. 여럿에게 좋은 채소도 내 몸에 맞지 않으면 해가 된다는 평범한 사실, 또 아무리 내 몸에 안 맞는 음식도 백 번 씹으면 해를 끼치지 않는다는 말씀을 덧붙이신다. 예를 들면 밀가루 음식을 먹고 위장 장애를 일으키는 사람도 피자를 백 번씩 씹으면 속이 편안하다는 거다. 현미밥을 먹을 땐 반찬과 함께 먹지 말아야 한다는 것도 경험으로 터득하셨단다. 모두 놀란다. 오십견 예방과 치료를 돕는 스트레칭을 다 함께 배운 것도 짭짤한 소득. 50대 중반인 연사는 서울을 떠나지 않겠다는 남편을 두고 혼자 경남의 작은 마을로 귀농할 정도로 간 큰 여성이다. 완경 후 2년 안에 몸이 완전 재편되었을 뿐 아니라 마음도 담대해져 그런 결단을 실행에 옮길 수 있었다니. 모두 벌린 입을 다물지 못한다.

　참석자 중 아기 피부를 가진 이가 나선다. 피부 상태를 결정하는 건 영양이 아니라 수분이기 때문에, 피부 관리의 핵심은 보습이라는 이론을 설파한다. 모두들 끄덕끄덕. 일찍 백발이 된 터라 염색을 했더니 눈이 많이 나빠졌다는 그녀. 견디다 못해 샴푸액 염색법을 개발해 냈단다. 신선하다. 당장 따라 해 볼 참이다. 또 다른 참석자는 50세 이후의 장래 희망을 이야기한다. 국제협력 NGO 활동가 커리어를 런칭하고 싶단다. 생의 전환점이 될 것 같아 50세 파티를 계획하고 있다고.

　꿈을 갖는 건 사춘기의 전유물이 아니다. 생활 속에서 구축한 실사구시 콘텐츠를 기꺼이 나누는 이들. 널리 세상을 이롭게 하진 못하더라도 동네 이웃들을 널리 이롭게 하는 그녀들. 오, 놀라워라. 대한민국 여성 자원.

　🌰 꿈은 제2의 사춘기에 필수적인 요소다. 꿈을 꾸는 것은 어떤 면에서는 경험과 감정의 새로운 영역을 탐색할 수 있는 자유를 의미한다. 《나이듦의 기쁨》, 애비게일 트래포드)

# 우아한 출산

서동회 님 / 경북 경주시 성건동

오늘의 생각

내 나이 서른 중반에 무척 소중한 아기를 가졌습니다. 출산이 임박해지자 남편과 나는 초조 반 설렘 반으로 병원 갈 준비를 했습니다. 순간 남편은 "나 양복 입고 갈래! 우리 아일 이런 작업복 차림으로 안을 수 없어."라는 게 아닙니까. 당시 우리는 떡 방앗간을 했기에 늘 떡고물을 묻히고 다녔지요. 그렇게 양복을 차려입은 남편과 함께 병원에 갔습니다. 가족 분만실로 들어섰을 때 잔잔한 클래식이 마음을 편안하게 해 주어 진통을 참고 견딜 만했지요.

'아 이렇게 우아하게 아이를 낳는구나.' 하는 착각 아닌 착각을 했답니다. 그런데 옆에 있던 남편은 어느새 음악에 젖어 코를 골기 시작했습니다. 차츰 진통이 심해지니 잔잔했던 클래식 음악도 고통을 증가시키는 것 같고, 코 고는 남편은 얄미워지더라고요. 그래서 남편을 흔들어 깨우며 "자러 왔어? 저 음악 좀 꺼 봐." 하며 이를 악물고는 "참아야지."라는 말만 몇 천 번 되뇌었습니다.

안타깝게 지켜보던 남편이 어디서 들었는지 이를 악물면 이가 다 상한다며 차라리 자기 팔을 물라고 쑥 내밀었습니다. 철없는 나는 "오냐." 하고 덥석 물었죠. 야단법석, 유난스럽게 산고를 치르다가 결국 제왕절개로 아들을 얻었습니다. 그 아이가 지금 미운 다섯 살. 사랑을 듬뿍 받고 자라서 그런지 동생을 잘 돌봐 줍니다.

두 아이의 엄마가 되고 나니 비로소 딸 여섯을 낳은 친정엄마의 심정을 헤아릴 수 있었습니다. 세상에 제 아무리 귀한 보화가 있다 한들 자식만 하겠습니까? 다시금 부모님의 사랑에 감사드립니다.

## 자연은 둥글다

지구는 둥글고, 태양도 둥글고, 과일도 대부분 둥글다. 자연은 최소한의 에너지를 사용하는 모양을 찾는데, 구의 형태는 최소 에너지로 만들 수 있는 최상의 모양이며 외부 압력에도 강하다. 심해 잠수정이 구의 형태인 것도 이런 이유다. 달걀이 둥근 것 역시 구가 내용물을 가장 잘 보호하기 때문이다.

# 28
수요일

# 부끄러우면 숨지 말고 고치자

신정근 님 / 성균관대 유학동양학부 교수

사람은 신이 아니다. 따라서 사람이 한평생을 살다 보면 잘못을 저지르기 마련이다. 사실 우리 주위에 "나는 태어나서 거짓말 한 번 하지 않았다."고 말하는 순수 인간이 많다. 하지만 이 말도 자신이 실제로 그렇다기보다는 거짓말을 잘 하지 않는다는 것을 수사적으로 강조하는 것이리라.

우리는 잘못을 저지르고 난 다음 어떤 반응을 보일까? 어떤 이는 죄의식에 시달리며 죄를 씻기 위해 노력할 것이다. 어떤 이는 얼굴을 들고 다니기 부끄럽다며 숨을 곳을 찾을 것이다. 사실 그 다음에 어떤 태도를 보이느냐가 더 중요하다. 잘못이 일어난 이상 그 일을 없던 것으로 할 수 없으므로 어떤 식이든지 책임을 지고 넘어가야 하기 때문이다.

공자도 이 문제에 대해 관심을 가진 듯하다. 그는 사람을 두 유형으로 나누어 그들이 각각 어떻게 다른 반응을 보이는지 이야기한다. 군자는 "과즉물탄개(過則勿憚改)"의 태도를 보이는 반면 소인은 "기과야필문(其過也必文)"의 태도를 보인다고 한다. 먼저 소인부터 이야기해 보자. 여기서 '문(文)'은 문예나 문화와 같은 명사가 아니고 '변명하다', '꾸미다'와 같은 동사로 쓰인다. 그렇다면 소인은 뭔가 잘못을 하면 반드시 변명해 대기 바쁜 사람을 가리킨다. 한층 더 들여다볼 게 남아 있다. 그것은 말도 되지 않은 변명을 늘어놓는 소인의 몸짓 손짓이 아니라 잘못을 자신이 한 것으로 인정조차 하지 않은 소인의 마음가짐이다. 제 아무리 자신에게 불리한 것을 말하지 않을 권리가 있다고 하더라도 명백한 사실마저 부인하거나 다른 사람에게 책임을 떠넘긴다면 그런 사람과 함께 사는 것 자체가 힘겹게 느껴진다. 보는 사람으로서도 참으로 답답하기 때문이다.

내용을 따져 보지 않아도 군자는 이와 다를 듯하다. 사람이 잘못을 하는 원인이야 다양하겠지만 한 번 저지른 잘못을 고치기란 여간해서 쉽지 않다. 예컨대 초범자가 교도소의 문을 나서면서 "여기에 다시는 오지 않겠다!"라고 굳게 결심해도 결국 두세 차례 그곳을 드나드는 경우가 많다. 또한 다른 사람의 말을 끝까지 듣고 이야기해야지 다짐하지만 자신도 모르게 습관처럼 상대의 말허리를 자른다. 사정이 이렇다 보니 고치려고 해도 습관이나 문화의 영향으로 우리 몸과 마음이 제대로 움직여 주지 않는다. 공자도 이 점을 익히 알고 있는 듯하다. 군자라도 "잘못을 할 수가 있지만 그 잘못을 고치는 데에 꺼리거나 껄끄러워하지 말라."고 요구하고 있으니 말이다. 고치려고 하면 먼저 잘못을 남의 것이 아니라 내 것으로 시인해야 한다. 나아가 다음에 비슷한 상황에서 나 자신이 이전과 같은 방향으로 쏠리는 것을 말리고 다른 방향으로 나아갈 수 있도록 이끌어 가야한다. 이런 이와 함께 살면 곁불을 쬐는 것처럼 주위 사람이 따뜻해지고 때로는 아름다운 느낌을 받기도 한다.

루스 베네딕트는 《국화와 칼》에서 동양(일본)과 서양을 각각 수치심과 죄의식의 문화로 나누고 있다. 잘못을 한 경우 동양 사람은 체면을 잃었다고 생각하는 반면 서양 사람은 영혼이 더럽혀졌다고 생각한다는 것이다. 이런 구분법은 전체적인 측면에서 동서양의 개략적인 차이를 잘 드러낸다. 하지만 꼼꼼히 생각해 보면 사정이 달라진다. 소인

그림 | 오원의

은 체면을 중시해서 부끄러움에 민감하게 반응할 뿐 죄책감을 느끼지 못한다고 할 수 있지만 군자조차 그렇다고 볼 수 없다. 군자는 똑같은 잘못을 하지 않기 위해서 어렵게 고쳐 나가는 작업을 마다하지 않기 때문이다.

이런 장면을 생각해 보자. 아이가 집에서 공을 가지고 놀다가 꽃병을 깨뜨린다. 부모가 보기 전에 꽃병을 치우려고 허둥지둥하다가 그 옆의 그림 액자를 떨어뜨리고 만다. 이에 깜짝 놀라서 뒤로 물러나다가 바닥에 놓인 생일 케이크를 밟는다. 이 모든 일을 어떻게 수습할까? 잘못했으니 부끄럽다며 커튼 뒤로 숨어서 "누가 나를 보지 않았겠지?"라며 조바심을 낸다고 될 일이 아니다. 부끄러움이란 피하고 싶은 상황에 놓인 내가 겪는 당혹스런 감정이다. 이때 나는 사람의 시선으로부터 빨리 벗어나는 것이 아니라 다시 비슷한 상황에 놓이지 않는 방식으로 여기에서 피해야 한다. 공자의 말을 한 번 더 들어보자. "잘못을 하고서도 고치지 않는다면 그것은 곧 또 다른 잘못이 된다(過而不改, 是謂過矣)." 반대로 고친다면 부끄러움은 긍정적인 자기 변화의 신호가 될 수 있다.

우리는 훌륭한 정신적 유산을 가지면서도 그것의 부정적인 면만 비판해 왔습니다. 이제는 오해의 시선으로 보아 온 우리의 전통적 가치관을 바로 알고 생활에 적용했으면 합니다. 동양 철학을 소재로 삶의 깊이와 넓이를 음미해 보겠습니다.

# 29
목요일

# 영혼이 머무는 마야의 산
장민형 기자

　찬란한 황금기가 지난 역사의 흔적은 보는 이들을 쓸쓸하게 한다. 하지만 잊혀진 도시라 불리는 마야는 여전히 많은 사람의 호기심을 자극한다. 마야에는 우뚝 솟은 아름다운 산들이 유난히 많은데, 마야인은 조상들의 영혼이 산에 머문다고 생각했기 때문이다. 이 산들은 모두 '위츠' 라 불리는 인공 산, 즉 피라미드들이다.

마야의 중심 도시였던 멕시코 욱스말에는 그 신비로움의 결정체들이 즐비한데, 이런 다양한 모양의 피라미드 사이에 유독 내 눈을 사로잡는 것이 있다. 알에서 태어난 난쟁이가 하룻밤에 지었다는 전설이 전해 오는 '마법사의 피라미드'. '피라미드는 사각뿔처럼 밋밋한 정방형에 끝이 뾰족하다.' 라는 고정관념을 가지고 있던 내게 모서리가 둥글고 밑바닥이 타원형인 마법사의 피라미드는 이름처럼 마법사가 지은 듯 아름답고 놀라웠다. 실제는 300년이란 오랜 시간을 거쳐 지어진 것으로 피라미드 정면에는 마야인들이 가장 신성시하는 비의 신 '차크' 의 얼굴들이 마치 금방이라도 살아 나올 것처럼 매우 정교하게 새겨져 있다.

　겉모습뿐 아니라 마야의 피라미드는 왕의 무덤용이던 이집트 피라미드와 달리 신전 용도로 지은 점이 독특하다. 신에게 더 가까이 다가가기 위해 꼭대기에 신전을 두었고, 신전에 바치는 제물을 가능한 빨리 정상으로 운반하기 위해 계단을 설치했다. 60도 가파른 경사를 자랑하는 마법사의 피라미드도 정상에 오르기까지 빼곡히 박혀 있는 수많은 계단을 거쳐야 한다. 지쳐 있는 태양에게 가장 힘센 자의 신선한 피를 공급해야만 수명을 연장시킬 수 있다고 믿은 마야인들은 간혹 이 계단을 통해 사람의 심장을 신에게 바치기도 했는데, 이는 물이 귀한 고원과 정글을 기반으로 하늘에 전적으로 의지해야 했던 마야인들의 삶 때문이었다.

　판타지 소설처럼 수많은 이야기와 추측에 둘러싸여 수수께끼 같은 궁금증을 남긴 마야. 피라미드 위에서 하늘과 영혼을 사랑했던 마야인들은 사라졌지만 우주와 자연의 형상을 새겨 놓은 그들의 거대한 상징물은 화려했던 마야 문명의 역사를 고스란히 간직하고 있다.

　역사가 과거, 지나친 것이라면 현재의 우리와 하등 관계가 없을 것이다. 역사는 지나간 것이 아니라 아직 있는 것이다. 《씨알의 소리로 동그라미를》, 함석헌)

# 탐구하는 자세는 곧 경쟁력

호기심이 많은 사람은 똑같은 것을 봐도 그 속에 숨은 원리를 상상하고 또 질문한다. 사소한 것이라도 생각하고 탐구하는 자세는, 남다른 경쟁력을 갖추는 데 중요한 역할을 한다.

어느 저녁, 건너편 도로에 서서 불이 켜진 약국을 바라보았다. 작디작은 약국은 어둠이 내리자 더욱 한산해 눈에 띄지도 않았다. 가뜩이나 작은 약국, 밤낮을 가리지 않고 잘 보여야 사람들이 인식할 것이 아닌가. 멀리서도 잘 보일 수 있도록 약국을 '아주 환하게' 만들기로 마음먹었다. 당시 40와트 형광등 6개 정도면 충분히 약국을 밝힐 수 있으나 나는 일부러 25개의 형광등을 주문하고 설치했다.

"콧구멍만 한 약국에 뭐 볼 게 있다고 이리 많은 전구를 설치하시는교? 전기세 억수로 나올 텐데예."

형광등을 설치하는 기사는 이해를 못하겠다며 고개를 저었다. 그의 말이 틀린 것도 아니었다. 25개의 형광등이 그 좁은 천장에 간신히 들어섰기 때문이다.

그날 저녁, 대낮같이 환한 빛으로 약국은 멀리서도 별처럼 반짝였다. 행인들의 시선이 절로 약국으로 향했다. 이웃 가게와 차별성이 생긴 것이다. 손님들의 반응도 폭발적이었다. "약사님요, 약국이 이리 훤하니 왠지 시원하게 낫게 해 줄 것 같습니더."

한 달 후 지난달에 비해 전기요금이 20만 원이나 추가됐지만 밤이 깊을수록 약국은 더 눈에 띄었고, 손님들도 만족했다. 월 매출이 1백만 원 정도 증가했다. 20만 원의 투자로, 다섯 배의 이득을 본 것이다. 어느덧 육일약국은 마산 교방동의 밤을 밝혀 주는 이정표가 되었다. 《육일약국 갑시다》, 김성오, 21세기북스

## 거꾸로 가는 시계

충북 증평군청에는 거꾸로 가는 시계가 있다. 12시를 기준으로 시계 판이 반대로 붙어 있고 시계바늘도 반대로 간다. 시계 아래엔 "새로운 시각(視角)이 새로운 시간을 만든다."는 문구가 쓰여 있다. 이 시계를 고안한 신재영 실장은 시계를 보며 발상 전환의 기회를 가지면 좋겠다고 취지를 설명했다.

# 30

# 트라우마와 싸우는 여성

박영숙 님 / 트렁크갤러리 대표

나는 5녀 3남의 8남매 속에 얽혀 자랐지만 딸이라고 차별받지는 않았다. 오히려 맏딸로서 늘 자신감에 차 있었다. 그것은 아버지로부터 받은 사랑, 신뢰, 존중 그리고 내가 하는 모든 일을 지켜봐 주시는 믿음 때문이었다. 이런 내가 여성들의 삶이 어떤 콤플렉스에 휘말려 산다는 것에 깊은 관심을 갖게 된 것은 나이 40이 넘어서부터다. 나 스스로는 사회 속 차별에 어떻게든 대항하고 있었기에 여성들이 그렇게 자신들을 주체 못 하고 있는 줄은 몰랐다.

1980년대, 같은 아파트에 사는 친구는 남편과의 관계 속에서 받은 고통을 그날그날 나와 상의했는데 어느 날 더 이상 참을 수가 없었는지 그만 미쳐 버리고 말았다. 그녀의 남편은 가차 없이 그녀를 정신병원에 입원시켰다. 그녀를 미치게 한 모든 원인이 남편에게 있음을 알던 나는 너무 화가 났지만 어쩔 수가 없었다.

그 후 나는 페미니스트로서의 정체성을 갖게 되었다. 전통, 문화, 통념, 제도, 정책 그 모든 것이 여성들을 차별한다는 사회적 현실을 새롭게 인식한 것이다. 그리고 여성들이 어떻게 자아정체성을 잃게 되는가를 사회학적으로 받아들이게 되었다. 여성들에게 일어났던 그 모든 과거적 현상들 그리고 오늘의 현실 사회에서 여성으로 살아 내며 겪는 기막힌 사연들, 그 '미칠' 수밖에 없거나 그래서 미쳤거나 아니면 여성의 주체적 사고로 행동한다고 하여 '미친년'이라 불리며 손가락질 당하는 그 실재를 이미지로 가시화시키는 작업을 실천했다. 이래도 저래도 미칠 수밖에 없는 여성들의 그 '심리적 현상들'이 의학용어로 여성의 트라우마(정신적 외상), 곧 '미친년'이라는 사실이 너무 슬펐기 때문이다.

우리 시대의 페미니스트들에게 그 각각의 여성들이 겪는 다양한 이야기들을 '전이'시키고 이미지로 드러내게 하는 '미친년 프로젝트'가 바로 그것이다. 이는 다른 사람의 아픔을 끌어안는 연기를 해야 하는 작업, 사진 속 여자들이 '몸으로 말하기'를 하게 하는 작업이다. 그런데 이상한 일이 일어났다. 그녀들은 촬영 과정에서 자신들의 내면에 있는지도 몰랐던 어떤 '트라우마' 또는 어떤 '억압'이 해소되고 치유되는 경험을 했다고 말했다. 그런 결과는 작업자인 나와 그것을 연기한 그녀들조차 전혀 예상하지 못했던 결과였다. 나는 '좋은 생각', '좋은 작업'은 스스로 발전해 가는 '진행형'임을 깨달았다.

삶은 호흡하는 것이 아니라 행위하는 것이다. (루소)

# 아프리카의 의료 오토바이

편집부

아프리카 오지에 사는 한 여성이 열이 펄펄 끓는 아기를 안고 발을 동동 구른다. 그러나 아기 엄마는 수십 킬로미터 떨어진 도시의 병원까지 갈 수가 없다. 타고 갈 차가 없을 뿐더러, 자동차 길조차 닦여 있지 않기 때문이다. 결국 그녀가 걸어서 병원에 도착했을 때는 의사로부터 너무 늦었다는 이야기를 들을 수밖에 없다. 아기 엄마는 한없는 슬픔에 빠졌다.

이처럼 아프리카의 수많은 지역에서는 교통 시설이 부족해 환자가 병원에 가기도 힘들다. 이 문제를 눈여겨 본 사람은 오토바이 경주 선수였던 안드레아 콜먼이었다. 영국인이었던 그녀는 봉사 활동에 관심이 많았는데, 몇 달러짜리 부품이 없다는 이유로 버려지는 오토바이를 보며 아프리카를 떠올렸다. 아프리카에 의약품을 기부하는 곳은 많지만, 정작 그것을 오지까지 수송하려는 사람은 없었기 때문이다.

마침내 안드레아는 남편 배리 콜먼과 함께 '건강을 위한 기수(Riders for Health)' 라는 단체를 만들었다. 1996년 레소토에서 47대의 오토바이로 의약품을 수송하고 환자들을 위한 의료 서비스 봉사를 시작했다. 그들의 활동은 아프리카 전역으로 번져 나갔다.

'건강을 위한 기수' 가 아프리카에서 배달한 모기장으로도 말라리아 사망률이 20%나 떨어졌다. 현재는 마을마다 환자 수송이 가능하게 개조한 오토바이를 한 대씩 기증하고 있다. 그들은 지난 15년 동안 만여 명의 목숨을 구하는 일을 해 왔다. 아픈 아기를 잃어 본 어머니는 누구보다 그들에게 감사할 것이다. 또 다른 어머니가 자신처럼 아파하지 않아도 되기에.

오늘의 생각

..........................
..........................
..........................
..........................
..........................
..........................
..........................

## 시스티나 성당의 촬영권

미켈란젤로가 로마 시스티나 성당에 〈최후의 심판〉을 그렸을 때 사람들은 경악했다. 작품 속 인물이 모두 나체였던 것. 결국 제자가 옷을 덧그렸다. 20세기에 덧그림을 제거했는데, 이때 일본 NHK가 복원 비용을 대주고 촬영권을 가져갔다. NHK의 허가 없이는 천장화 사진 촬영을 할 수 없다.

# 이장과 된장

올해로 환갑을 맞는 언니는 작년에 이장이 되었다. 그때 우리 형제자매들은 아버지를 가장 많이 닮은 자식은 역시 언니라며 지금까지 서로 자기가 아버지를 더 닮았다고 주장하던 것에서 한발 물러났다. "흉보면서 닮는다."는 옛말처럼 가장 많이 아버지 흉을 보다가 가장 많이 아버지를 닮아 버린 사람이 바로 언니였다. 첫째 손이 크고, 둘째 그 큰 손으로 남에게 퍼 주기를 좋아한다는 점이 똑같다.

볼일이 있어 급히 집을 나서려는데 택배가 왔다. 언니가 보낸 것인데 크기가 심상치 않았다. 시간이 없어 미처 풀어 보지 못하고 나가면서 뭘 그렇게 많이 보냈느냐고 전화를 했다.

"된장 쪼깨 보냈응게 느그 동서랑 시누랑 나눠 먹고, 참 거 뭐시냐 외국 나가 있는 동서네 동생 있지 않냐. 타국에 있다 보믄 우리나라 염장이 얼마나 그립겄냐."

세상에 오지랖이 넓기도 하지. 내 동서며 동서네 동생까지 염두에 두고 된장을 담다니 도대체 얼마나 품을 들였을지 내 몸이 다 고단해지는 것 같았다.

언니가 이장이 되었다고 했을 때 친정 작은어머니는 심란해하는 표정이었다.

"어쩌다 그렇게 됐디야."

어쩌다가 그렇게 골머리 아픈 일이 생겼느냐는 듯한 작은어머니의 말투에 모두 깔깔 대고 웃었지만 작은어머니의 그러한 반응은 우리가 아버지에 대해 선의의 흉을 보던 것과 같은 맥락이었음을 누구도 부정하지는 못했다.

내가 어렸을 때 아버지의 호칭은 '이장'이었다. 마을 사람들이 필요로 하는 곳이면 어디든 달려가셨다. 당시에 가을걷이가 끝나면 곡물을 거두어 수고비 조로 이장에게 건네주는 게 상례였는데 어디까지나 봉사하기로 작정했던 아버지는 그 '이장 조'라는 것도 거부하셨다. 그러나 우리 중 누구도 수고비를 왜 받지 않느냐고 말하는 사람은 없었다. 오직 가족이 아버지에게 바라는 건 하루속히 이장 일에서 손을 뗐으면 하는 거였다. 그 이유는 농번기에도 아버지는 우리 집 일을 제쳐 두고 마을 일 보기 일쑤였고 무엇보다 집안에 뭘 보태기는커녕 뭔가를 축낸다는데 있었다. 그중 드러나게 축내던 것이 바로 된장이다. 그 시작은 지극히 사소한 것이었다. 어머니 말씀에 따르면 이렇다.

"영동달이었는갑다. 동네 일로 새벽같이 나간 니들 아버지가 불총 맞은 사람마냥 헐레벌떡 오더니만 된장 한 투가리(뚝배기) 퍼 달라는 거여. 뭣땜시 그러냐고

물으니께 글씨, 웃걸(동네)의 맹자네가 아침밥이라고 먹는디 봉게 시커먼 보리밥
에다가 건건이(반찬)라고는 굵은 소금 한 접시뿐이더라고만. 커 가는 아덜이 그렇
게 먹고 어쩌겠냐고 숨이 금방 넘어가게 조르더라고."

　　그렇게 한 사발씩 퍼내기 시작했는데 종국에는 식구들
먹을 된장마저 모자라 이듬해엔 조금 더, 그 이듬해엔
조금 더 하다 보니까 된장 만드는 일이 연중 큰 행사
가 되어 버렸다. 가을이면 작은어머니까지 동원되
어 몇 가마씩 콩을 쑤어 메주를 만들어야 했는데 그
일을 전수받은 사람은 언니뿐이었다. 나와 언니가
쓰던 방은 아예 메주 띄우는 방이 돼 옷마다 메주 뜬
내가 배었고 애들이 냄새 때문에 흉본다고 하면 아버
지는 호탕하게 껄껄 웃으며 말씀하셨다.

　　"갸들도 된장이 없는갑다. 한 사발 퍼다 줘라."

　　아버지와 절친했던 동네 아저씨 한 분은 당신이 아버지
와 친하다는 걸 자랑스럽게 생각하며 당신네 농사일도 제쳐 두고
아버지의 일을 적극 돕고 다니셨다. 그러자 아저씨의 어머니께서 하셨다는 말씀
은 두고두고 동네에서 화제가 되었다.

　　"옥이 아비는 이장이나 되지, 니가 이장이냐? 된장이냐? 뭣땜시 눈만 뜨면 고샅
을 누비고 댕김서 전답에 풀이 한 자썩 우거지게 두는 겨?"

　　그 뒤로 동네에서는 바삐 돌아치거나 집안일을 등한시하는 사람들을 보면 "된
장이여? 이장이여?" 하고 놀리듯 말했다. 아버지를 '남 위해 사는 사람'으로 치부
하던 어머니도, 일거리만 만들어 온다며 강짜를 놓던 작은어머니도, 막연히 실속
없이 산다는 생각에 흉 아닌 흉을 보던 우리 형제자매들도 사실은 마음속 깊이 아
버지를 존경하고 있었다.

　　외출에서 돌아오자마자 언니가 보내 준 된장 상자부터 풀었다. 비닐을 한 겹 한
겹 벗길수록 구수하게 퍼지는 된장 냄새. "타국에 있다 보믄 우리 염장이 얼마나
그립겄냐." 던 언니의 말이 반드시 타국 사람만을 지칭한 게 아니었다는 걸 된장
을 대하니 알겠다. 고향을 떠나고 부모 곁을 떠난 사람은 누구나 된장 냄새가 그
립다는 걸 말이다. 훗날 언니네 아이들도 우리 형제들처럼 이장 일을 보면서 된장
을 나누어 주던 제 엄마를 따뜻한 마음으로 회상할 것이다.

제2회 생활문예대상 은상 수상작 송재원 님 / 경기도 고양시 성사2동

## 멋진 청소 아주머니

김성희 님 / 경기도 수원시 명예기자

제가 사는 수원의 영통동 동보아파트에는 늘 웃으면서 즐겁게 청소하시는 아주머니가 계십니다. 3년 동안 쭉 아주머니가 일하시는 것을 지켜보았는데 단 한 번도 찌푸린 얼굴을 본 적이 없습니다. 청소는 누군가가 해야 할 일이지만 힘들고 어려워서 즐겁게 일하기가 쉽지 않잖아요. 그런 의미에서 청소하는 아주머니가 제게는 참 신선하게 다가왔습니다.

어느 날 엘리베이터에서 아주머니를 만나 말을 건넸습니다. "아주머니 저희 집에서 커피 한 잔 하세요." 하지만 아주머니는 절대로 안 된다고 하십니다. 지금은 일하는 시간이라면서요. 아주머니는 늘 외모도 아름답게 가꾸시고 예의와 열성을 갖추셨습니다. 힘들지 않냐고 물으면 오히려 생활 속에 일이 없다면 그 또한 무의미한 삶이 아니겠냐고 말씀하시며 기분 좋은 미소를 지어 주십니다. 이런 멋진 아주머니 덕분에 우리 아파트는 반짝반짝 빛이 나지요. 아주머니, 당신이 계셔서 정말 행복합니다.

## 함께 만드는 내 고장 축제

홍규철 님 / 전북 김제시 명예기자

들녘에 황금물결이 넘실대는 가을이 오면 내 고장 김제에서는 드넓은 평야를 자랑하는 지평선축제가 열립니다. 지평선축제는 3년 연속 문화관광부 지정 대한민국 최우수 축제로 선정될 만큼 그 규모나 내용이 알차고 재미있습니다. 벽골제를 중심으로 4박 5일간 개최되는데 연날리기, 허수아비 만들기, 메뚜기 잡기, 달구지 여행 등 농경문화체험을 비롯해 지평선 쌀로 만든 음식을 자랑하는 음식경연대회 등 다양한 문화예술행사가 펼쳐집니다. 200여 가지 프로그램 대부분이 무료이다 보니 가족 단위로 여행을 오거나 학생들이 수학여행으로 참 많이 오지요.

축제 뒤에는 자그마치 코스모스로 백 리 길을 조성한 농촌지도소와 면 직원들, 지푸라기로 허수아비 등 여러 가지 조형물을 만들어 볼거리를 제공한 농민들, 무료로 차와 음료를 제공하고 교통정리를 한 봉사 단체 등 많은 이의 땀방울이 있습니다. 김제 시민 전체가 만들어 가는 축제지요. 내년 가을에는 하늘과 땅이 만나는 지평선축제에 와 보는 건 어떨까요.

내가 사는 동네에서 일어난 재미있고 감동적인 이야기, 소개하고 싶은 명물과 그것에 얽힌 사연 등을 **편집실**로 보내 주세요. 책에 글이 실리는 좋은님께는 소정의 원고료를 드립니다.

# 부끄럽지 않은 아빠가 될게

나에게는 중학교 1학년인 딸과 여든을 바라보는 부모님이 계십니다. 딸이 일곱 살 되던 해 아내가 가출하는 바람에 부모님께서 대신 딸아이를 금이야 옥이야 키워 주셨지요. 그런데 내가 잘못을 저질러 1년 6개월의 징역을 사는 동안 딸아이는 백혈병에, 아버지는 심장병에 걸려 병원에 입원하고 말았습니다.

아무것도 몰랐던 나는 하루하루 사랑스런 딸아이의 얼굴을 그리며 출소할 날을 기다렸습니다. 하지만 집에 돌아가니 근심 가득하신 어머니의 초췌한 모습뿐이었지요. 어머니께 그 청천벽력 같은 소식을 듣고 나니 눈물이 새벽까지 멈출 줄 몰랐습니다. 차라리 내 한목숨 가져가더라도 두 사람의 건강을 되찾을 수 있다면 좋겠다고 하늘을 원망했습니다.

그렇게 날을 지새우고 다음 날 병원을 찾은 나는 짧은 머리에 흰 모자를 쓰고 링거를 맞는 딸아이를 만났습니다. 내가 눈물을 훔치자 딸은 오히려 내 어깨를 두드리며 "아빠! 힘내." 하고 말해 주었습니다. 용기를 북돋아 주는 딸의 모습에 정신을 차려야겠다는 생각이 번쩍 들었지요. 그 뒤로 친구가 하는 고물상에서 고물 수집 일을 하면서 악착같이 돈을 모았습니다. 하지만 엄청난 병원비를 충당하기에 돈은 턱없이 모자랐습니다.

결국 나는 병원비와 생활비를 마련하기 위해 또다시 범죄를 저지르고 말았습니다. 한순간의 감정을 다스리지 못해서 범죄를 저지르게 되어 얼마나 후회했는지 모릅니다. 지금은 지난 잘못을 참회하며 열심히 수형 생활을 하고 있습니다. 사랑하는 가족에게 부끄럽지 않은 아빠이자 아들이 되기 위해서 말입니다.

박태영 님(가명) / ○○ 교도소에서

참회와 눈물로 성숙해 가는 이들에게 따뜻한 박수를 보내 주십시오. 《좋은생각》으로 이분들에게 사랑과 희망을 전하고 싶은 좋은님께서는 전화, 우편, 인터넷으로 '새벽햇살 담당자'에게 연락 주시면 1년 동안 좋은생각을 대신 전해 드리겠습니다. 2007년 9월에는 김정희 님 외 27분이 재소자 61분에게 좋은생각을 전해 드렸습니다. 좋은생각을 받아 보고 싶은 재소자께서는 아래 주소로 편지를 보내 주시면 접수 순으로 1년 동안 보내 드립니다.

전화 (02)337-0332 주소 서울 서대문우체국 사서함 100호 (120-600)

《좋은생각》을 읽으면 정답이 팡팡!
문제 뒤에 적힌 페이지를 펼쳐 보세요.

**가로열쇠**

❶ 아이들이 스케치북에 그림 그릴 때 사용하는 다양한 색깔의 미술 용품. (30p)

❷ 소나무 아래에서 비를 피하면 수많은 솔잎에 이것이 맺혀 비를 덜 맞는다. (67p)

❸ 저음역의 첼로를 '남편의 소리' 라고 부를 때 중간 음역의 바이올린은 이렇게 부른다. (41p)

❹ 공익 조직은 모든 면에서 변화에 느리고 비효율적이라는 편견을 바꾼 일본의 '작은 ○○' 이즈모. (88p)

❺ 천식 약을 복용하는 어린이가 먹으면 해로운 등 푸른 생선 중의 하나. (103p)

❻ 느림의 철학을 바탕으로 지속 가능한 발전을 추구하는 도시를 만들자는 취지의 운동. (59p)

**세로열쇠**

① 마법사의 피라미드에는 비의 신 '○○' 의 얼굴이 수없이 새겨져 있다. (110p)

② 문학에서 나온 용어로 최근 마케팅에서도 사용한다. 이야기가 있는 광고도 이것의 일종. '○○○텔링.' (31p)

③ 우산국으로 불리던 3무5다로 유명한 섬. (69p)

④ 왕실의 권위를 지키기 위해 왕이 소유했던 개인 재산. (40p)

⑤ 미켈란젤로가 〈최후의 심판〉을 그린 성당. (113p)

⑥ 조선의 선비들은 낮잠을 쫓기 위해 '잠을 막는 새로운 이야기' 라는 뜻의 제목을 가진 이 책을 읽었다. (105p)

11월 15일까지 퍼즐의 정답과 함께 독자 엽서를 정성껏 써 주신 분 가운데 10명을 추첨해 배드민턴 라켓 세트를 드립니다. 당첨자는 2008년 1월호에 발표합니다.

행복한 사진관

# 올망졸망~ 할아버지의 예쁜 희망들

3년 전, 올망졸망 다섯 귀염둥이들이 할아버지 생신을 맞아 전부 모였습니다. 안양에 사는 진형이, 대구의 시언이랑 서준이, 영주에 사는 효정이랑 은서. 우리 다섯 자매 중 첫째, 둘째, 셋째 언니의 아이들이지요. 각자 개성이 뚜렷해 사진 한 장에 담기가 얼마나 힘들던지….

할아버지는 2001년 1월 눈이 많이 내리던 어느 날 쓰러지셨어요. 벌써 7년째 누워 계시지만 이 꼬맹이들을 볼 때면 활짝 웃으십니다. 모두 할아버지의 예쁜 희망들이지요. 내년 생신에도 모두 모여 축하해 드릴 테니 꼭 기운 내세요!

권정민 님 / 경북 영주시 휴천2동

## 세상에 단 하나,
## 나만의 맞춤책 〈자작나무〉는

좋은생각 홈페이지(www.positive.co.kr)에서 만나 보실 수 있습니다.

● 사랑하는 사람에게 마음을 전할 때
● 나만의 자서전을 만들고 싶을 때
● 돌잔치, 회갑, 결혼기념일 등 소중한 추억을 글로 남기고 싶을 때
● 적어 놓은 글들을 모아 수필집을 내고 싶을 때
● 문자메시지나 메일을 책으로 정리해 놓고 싶을 때

'자작나무' 는 인터넷에서 작성한 글을 종이책으로
만들어 드리는 맞춤 출판 서비스입니다.
문의 (02) 337-0332

---

## 《어린이좋은생각》책 보내기 캠페인 - 당신이 '희망 산타' 입니다

소외된 아이들을 향한 나눔의 마음, 연말연시에만 잠시 뜨거워지는 건 아닌가요? 장난감과 간식거리는
잠깐의 즐거움을 줄 뿐이지만, 좋은 책은 아이들이 꿈과 희망을 지니고 올곧게 살아갈 힘을 줍니다. 소
외 계층 아이들이 1년 내내 행복해지는 선물, 《어린이좋은생각》이 준비했습니다. 차 한 잔, 밥 한 끼 먹
을 돈이면 누구나 '희망 산타' 가 될 수 있답니다. 지금 바로, 따뜻한 '희망 나누기' 에 동참해 보세요.
**하나 더!** 지금은 초등학교로 이름이 바뀐, 까마득한 모교의 도서관에 책을 보내 주세요. 책을 보내 주신
'선배님' 이 후배들에겐 산타입니다. 기증하는 《어린이좋은생각》은 특별 할인가로 보내 드립니다.

| | |
|---|---|
| **희망 산타 1** 저소득층 어린이에게 책 보내기 | **접수 방법** 전　화 : (02) 330-0342 |
| **기증 제휴 기관** 소외 계층 어린이 지 | 우　편 : 서울 서대문우체국 사서함 100호 |
| 원 유관단체, 지방자치단체 관내 보육 | (우 120-600) |
| 원 및 아동 시설 | 인터넷 : www.positive.co.kr |
| **희망 산타 2** 모교 후배에게 책 보내기 | **신청 대상** 기업체, 개인 |

---

## 2007년 11월호 주요 기사

**샬롬! 알로하! 다른 나라의 인사법은?**
**인터뷰** - 만화가 강경효 님
**패러디 만화** - 황금 알을 낳는 거위를 복제하다
**숫자로 떠나는 우주 여행**
**발레리나 강수진의 아름다운 발**
**조물락 세상** - 짱구와 흰둥이 만들기
**책 속 부록** - 빙글빙글 대관람차

## 정기구독 특별 할인가 36,000원

**판형 : 4×6배판, 전체 컬러, 128쪽 내외**

## 정기구독 신청 방법

사랑하는 가족, 친구, 이웃에게 따뜻한 마음을 전하고 싶으신가요? 좋은님의 마음밭에 사랑의 씨앗을 심어 주는 《좋은생각》이 충실한 전령사가 되어 드리겠습니다.

책 맨 뒤에 있는 정기구독 신청 엽서를 작성해 우체통에 넣거나 전화, 팩스, 인터넷 홈페이지를 통해 신청하시면 됩니다.

**접수처**    서울 서대문우체국 사서함 100호 (120-600)
**전화**     (02)337-0332   **수신자요금 부담** 080-033-0333
**팩스**     (02)333-0311
**홈페이지**  www.positive.co.kr → 정기구독 신청

**정기구독료**  1년(12개월)에 **2만 원**(4천 원 할인된 금액)
**결제방법**   신용카드, 지로, 온라인 계좌 이체

| 은행명 | 계좌번호 | 예금주 | 은행코드 |
|---|---|---|---|
| 농협 | 038-01-067304 | 좋은생각사람들 | 11 |
| 신한은행 | 100-020-543072 | 좋은생각사람들 | 88 |
| 하나은행 | 376-910004-24605 | 좋은생각사람들 | 81 |
| 국민은행 | 762301-04-033145 | 좋은생각사람들 | 04 |
| 우체국 | 014019-01-001783 | 좋은생각사람들 | 71 |
| 우리은행 | 068-427807-13-002 | 좋은생각사람들 | 20 |

※ 온라인 입금 뒤 꼭 확인 전화를 주십시오.

**책 도착 기간**  처음 신청하시면 첫달치(당월호) 책은 일주일 이내에 받아 보실 수 있습니다. 다음 달부터는 매월 20일~25일에 보내 드립니다. 해외구독은 각 나라에 따라 조금씩 다릅니다.
**재발송**    매월 25일까지 책을 받지 못하신 경우 연락 주시면 다시 보내 드립니다.
**주소변경**   매월 5일까지 변경을 하시면 새 주소로 책을 보내 드립니다.

■ 파본은 정기구독 여부나, 구입한 서점과 상관없이 전국 모든 서점에서 교환할 수 있습니다.

## 해외 정기구독료

해외에서 구독하실 경우, 정기구독료는 아래와 같습니다.
**담당자** 신경숙 love425@positive.co.kr

| 보낼 곳 | 1년 구독료 | 우편료 | 내실 금액 |
|---|---|---|---|
| 일본, 대만, 중국, 홍콩 등 | 20,000원 | 1,750×12=21,000원 | 41,000원 |
| 필리핀, 싱가포르, 태국 등 | 20,000원 | 1,800×12=21,600원 | 41,600원 |
| 캐나다, 미국, 유럽, 호주, 중동, 아시아 | 20,000원 | 2,300×12=27,600원 | 47,600원 |
| 중남미 지역, 브라질, 리비아 등 | 20,000원 | 3,200×12=38,400원 | 58,400원 |

# 좋은님 메아리

### 가족 사진보다 더 반가운

캐나다 밴쿠버에 유학 중인 딸에게 전화를 했습니다. 날씨가 쌀쌀해져 두꺼운 옷을 부쳤는데 잘 받았는지 궁금해서요. 그런데 딸아이가 대뜸 "엄마, 짐들 중에 뭐가 제일 반가웠는지 알아요?" 하대요. 동봉한 가족 사진도 아니고 예쁜 옷도 아니고 《좋은생각》이 가장 반가웠답니다. 올해 2월호부터 8월호까지 함께 보냈거든요. 딸은 벌써 마음이 편해진다며 환하게 웃었습니다. 아이만큼 나도 고맙습니다.

염복자 님 / 서울 금천구 독산4동

### 우리 가족을 하나로

나의 《좋은생각》은 늘 화장실에 있다. 며칠 전 어김없이 앉아 읽다가 '유태인의 공부법' 이라는 기사를 초등학교 5학년인 아들에게 보여 주려고 나도 모르게 그 장을 찢었다. 그런데 아들 왈, "아빠, 다음부터는 찢지 마세요. 그냥 둬도 잘 보고 있거든요." 한술 더 떠서 《어린이좋은생각》까지 보고 싶단다. 좋은생각이 가족을 하나로 묶어 주는 것 같아 기분이 좋다.

강헌길 님 / 경북 군위군 서부리

### 덩달아 '좋은 사람' 되었어요

병원에서 신부전증 환자를 돌보고 있습니다. 소변을 전혀 볼 수 없는 환자들은 날마다 투석을 4시간 정도 해야 하는데, 그 옆을 지키면서 나는 종종 《좋은생각》을 읽습니다. 그랬더니 환자들이 덩달아 나를 '좋은 사람' 으로 보더라고요. 좋은생각을 읽으니 환자도 좋은 생각으로 돌보지 않겠냐는 믿음이죠. 이참에 입원실과 인공신장실의 수간호사에게 한 권씩 선물하고 휴게실에도 비치했습니다. 반응이 아주 좋습니다. 좋은생각은 어딜 가나 대우받는 모양입니다.

양순예 님 / 대전시 중구 대사동

### 우도의 최연소 해녀랍니다!

아이 넷을 둔 나는 우도에서 최연소 해녀로 일하고 있습니다. 작년 이맘때 참 힘들었는데, 책을 보며 불행하다는 내 생각이 누군가에겐 허영심이란 걸 알았지요. 또 어린 나이에 남들이 마다하는 '해녀' 일을 하는 내가 못마땅했는데, 이것 역시 나만의 특권이며 자랑임을 깨달았어요. 지금은 힘든 상황을 잘 극복하고 행복한 엄마로, 아내로, 며느리로 살아가고 있답니다.

윤순열 님 / 제주도 제주시 오봉리

### 기분 좋아지는 책

올해 4월, 입원했을 때 병문안 오신 학교 양호 선생님이 《좋은생각》을 주셨어요. "이 책은 기분을 좋게 만들어 주는 것 같아." 이 얇은 책에 그런 능력이 있다는 걸 선생님이 가신 뒤에야 알았습니다. 필자 글에 공감하고 독자 글에 웃고 울다 보니 갑갑한 내 마음이 뻥 뚫리는 것 같았습니다.

이선옥 님 / 경기도 양주시 운암리

### 뒤늦은 카네이션

우울증을 앓다 급기야 세상과 이별하려 했습니다. 다행히 중환자실에서 일주일 만에 눈을 떴어요. 엄마가 곁에서 눈물을 흘리고 계셨습니다. 어버이날, 카네이션은커녕 큰 상처만 안겨 드린 셈이죠. 내가 너무 미워 견딜 수 없었어요. 그러다 병원 성당에서 《좋은생각》을 만났습니다. 아직 살아야 할 이유가 있구나, 그제야 깨달았어요. 많이 늦었지만 오늘은 꼭 부모님께 카네이션을 달아 드려야겠습니다.

고현우 님 / 충남 천안시 신방동

《좋은생각》을 읽고 난 뒤의 소감, 좋은생각에 얽힌 이야기를 **편집실**로 보내 주세요. 글이 실리는 분에게는 좋은생각 손목시계를 선물로 드립니다.

아름다운 사람들의 밝은 이야기

# 좋은생각

**등록일** 1990년 6월 25일
**발행일** 2007년 11월 1일 통권 190호
**등록번호** 라 - 09966
**발행처** 좋은생각사람들
서울 마포구 동교동 205-6(121-819)
서울 서대문우체국 사서함 100호(120-600)
**홈페이지** www.positive.co.kr

**편집 주간 겸 편집장** 김정아
**팀장** 송도숙
**편집팀** 최기영 이소정
이하림 장민형
**디자인** 이윤주
**사진** 노길상 최연창
**편집팀 전화** (02) 330-0393, 0380
**팩스** (02) 337-0336

**정기구독 신청 전화** (02) 337-0332
**단체(다량) 신청** (02) 330-0302
**해외 구독 신청** (02) 330-0303
**팩스** (02) 333-0311
**배달 사고 및 미도착 문의** 080-033-0333
**인터넷 접수** www.positive.co.kr
좋은생각 · 행복한동행 정기구독 & 선물하기

**마케팅팀** 이광식 김세훈 이숙희
**마케팅 전화** (02) 330-0353
**팩스** (02) 333-0329

**발행 및 편집인** 정용철
**인쇄** (주)삼화인쇄

### 9월호 퍼즐 및 독자 엽서 당첨자

박란숙 님 | 서울 양천구 신월6동
김경수 님 | 울산시 남구 신정2동
이세훈 님 | 인천시 부평구 산곡3동
신영표 님 | 경남 양산시 어곡동
김태은 님 | 충남 공주시 봉황동
박정훈 님 | 강원도 화천군 아리
김주신 님 | 부산시 사하구 감천1동
박재영 님 | 경북 구미시 진평동
조명희 님 | 서울 노원구 하계2동
박수연 님 | 부산시 부산진구 당감2동

♣ 11월호 당첨자는 2008년 1월호에 발표합니다.

편 집 실 에 서

♥ 멀리 뉴질랜드에서 편지가 왔습니다. 박경자 님이《좋은생각》을 통해 단짝 친구를 꼭 찾고 싶다는 사연이 담겨 있었습니다. 여고 시절, 박경자 님 뒷자리에 앉아 굽은 등을 쿡쿡 찌르며 허리를 펴게 하려고 애쓰셨던 남순 님을 애타게 찾고 계십니다. 결혼한 뒤에도 몇 번 만나셨다가 갑자기 연락이 끊겼는데, 찾지 못하고 외국에 나가게 되어 미안한 마음으로 글을 쓰셨다고 해요. 박경자 님의 꿈에 나올 정도로 그리운 친구 남순 님, 좋은생각 보시면 꼭 연락 주세요. 소중한 인연 찾아 드리고 싶습니다. (장민형)

♥ 1월호 〈새벽햇살〉에 글이 실린 이용복(가명) 님께서 기쁜 소식을 전해 주셨습니다. 그분은 중국인으로 한국에 일하러 왔다가 사기를 당하고 그만 뜻하지 않게 폭행죄로 구속되셨지요. 그런데 그간 착실히 수형 생활을 한 덕에 가석방을 코앞에 두고 있답니다. 2년간 홀로 계신 어머니께 연락을 드릴 수 없어 참 안타까워했던 이용복 님. 중국에 가서 관광가이드로 일하며 어머니께 효도할 거랍니다. 꼭 그 꿈을 이루세요. 파이팅!(이하림)

♥ 매달 이백여 통의 좋은님 시가 도착합니다. 이 중에서 단 한 편만을 골라야 하니 달마다 행복한 고민 아닌 고민에 빠지게 되죠. 그런데 요즘 〈좋은님 시 마당〉의 취지를 잘못 이해하고 계신 분들이 있어 당부 드릴게요. 이 코너는 어느 매체를 통해서든 등단한 적이 없는 순수 아마추어 시인을 위한 공간입니다. 물론 미발표작을 보내 주셔야 하고요. 다음 달에도 좋은님들이 보내 주실 주옥같은 시들을 기대하며 기다리겠습니다. (이소정)

♥ 제가 편집부 막내이던 1999년엔 모든 원고가 편지로 왔습니다. 그러니 봉투 끝을 가위로 자르느라 야근을 할 정도였지요. 그때 저는 국내 기념우표부터 해외 우표까지 신기한 우표를 보는 족족 오려 내는 재미에 푹 빠져들었죠. 그러다 회사 홈페이지에 원고응모란이 생겨 편지 수량이 줄면서 몇 년째 우표 모으기를 잊고 살았습니다. 그런데 얼마 전 좋은님의 편지에서 세모 모양 우표를 발견하고 책장 어딘가에 묻혀 있는 제 우표책의 안부가 궁금해졌습니다. 그때 그 기쁨을 다시 느낄 수 있을까요? (최기영)

♥ 얼마 전 남편 선배와 제 친구를 만나게 해 주었어요. 각자 참 괜찮은 사람인데 서로 좋은 인연으로 발전하지는 못했지요. 어쩌나 아쉽던지…. 소개로 만나 한두 시간 안에 상대방의 진면목을 알아본다는 게 쉬운 일이 아니라는 생각을 새삼 했지요. 특히 촌스런 외모나 행동 때문에 진국인 사람을 놓치는 경우도 종종 있잖아요. 그런 가운데 이번 달 〈러브스토리〉를 읽으니 괜히 제 마음까지 뿌듯하더라고요. 이런 진심이야말로 배우자로서 최고의 조건이 아닐까요? (송도숙)

우편엽서

보내는 사람

이름 ................................ 남□ 여□

주소 ................................

연령 세 기혼□ 미혼□
............

□□□-□□□

우편요금
수취인 후납부담
발송유효기간
2005. 8. 1~2009. 7. 31
서대문 우체국
승인 40072호

월간 **좋은생각**
서울시 서대문 우체국 사서함 100호

1 2 0 - 6 0 0

♣ 9월호 정답

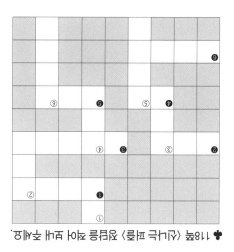

♣ 118쪽 〈신나는 퍼즐〉 정답을 적어 보내 주세요.

# 좋은생각 편집자에게 ♥ 2007·11

♣ 뒷면 퍼즐 정답과 함께 엽서를 정성스럽게 써 주신 분 가운데 10명을 추첨해 베드민턴 라켓 세트를 2008년 1월호 122쪽 게재).

❖ 해당되는 항목을 적어 주세요.
나이 : 만    세 (남 · 여)
정기구독 회원인( ) 비회원( )

♣ 이번호에서 가장 좋은 글 :
날짜별 왼쪽 :
날짜별 오른쪽 :
그 어 칼럼 :

♣ '내 귀가 얾다는 걸 확인했던 순간' 을 그려 주세요.
내용 설명 :

전화 :
e-mail:

♣ 이럴 때 그(그녀)의 과거가 의심된다!

♣ 《좋은생각》에서 새로 다루었으면 하는 칼럼이나 내용은?

---

# 좋은생각 정기구독 신청서 ♥ 2007·11

♣ □에 V표시를 해 주십시오.

신규 신청 : □본인 구독    □기증 신청    □본인 구독 및 기증 신청
재구독 연장 신청 : □본인 연장    □기증 연장    □본인 구독 및 기증 연장
기    타 : □주소 변경

정기구독 1년 선물 : □2008년 다이어리    □2008년 캘린더    □톨스토이365
정기구독 2년 선물 : □2008년 캘린더 + 2008년 다이어리    □다용도 담요
정기구독 3년 선물 : □주간 3종 세트    □앞치마
정기구독 5년 선물 : □손목시계

정기구독료 : 1년간 20,000원        2년간 40,000원
구독 기간 : 2007년 (    )월호부터    □1년간  □2년간  □3년간  □5년간
본인매월(    )부씩, 책 받음은 본 매일(    )부씩

※ 대금납입방법 (한 곳에만 V표시를 해 주십시오)
□온라인    은행 (입금예정, 입금완료) 본지 120쪽의 계좌번호를 참고하세요.
(    월    일 입금예정, 완료    입금자명)
□카드결제 (카드결제를 원하실 경우 저희가 별도로 전화를 드리겠습니다)

※아래 칸을 쓰실 때 전화번호(휴대전화 포함)를 꼭 써 주시고 주소는 기구나 직장명까지 기록해 주십시오.

♣ 신청자  이름 :    회원번호 :
주소 :    (우 :
    집 전화 :
    직장 전화 :
휴대전화 :

♣ 기증일 경우 받으시는 분  ※ 기증인 받음 여부 (유 / 무)
이름 :    회원번호 :
주소 :    (우 :
    집 전화 :
    직장 전화 :
휴대전화 :

※ 기증일 경우 정기구독 선물은 본인이 받으실 수 있습니다. 선택하여 주십시오.
정기구독 선물을 받으실분  □본인  □기증 받으시는 분